リニア中央新幹線に未来はあるか
鉄道の高速化を考える

西川 榮一 著

自治体研究社

はしがき

　関西ではまだリニア中央新幹線の中身を知らない人が多い、どんな問題があるのか、説明するパンフレットを作りたい、その原稿を書いてほしい、と大阪の住民団体から依頼され、なんとなく引き受けました。しかし出版物やウェブを読んでみますと、リニア中央新幹線に関してはじつにさまざまな特徴や論点が浮かんできます。超電導リニアという新技術、500km/hという高速鉄道、交通輸送とスピード、新技術導入と環境・安全問題、巨大システム開発と環境・安全問題、災害列島を貫く高速鉄道、巨大な地下土木工事、自然改変、広範多様な環境被害・環境問題の訴え、JR東海と国の官民"共同"プロジェクト、私企業の経営事業なのか国の公共事業なのか、事業規模1兆円の企業が挑む9兆円40年の大事業、計画決定過程のあり方などなど。パソコンの前に座るのですがなかなか指が動きません。これでは1つや2つのパンフにまとめるなんて私には無理だ、これは安請け合いに過ぎた、さてどうするか。

　ということで、少々長くなるのはやむを得ないとしてパンフはあきらめ、以下の2点を記述方針にして、リニア中央新幹線にどんな問題があるのか書いてみることにしました。

　1つは、スピードを主題にしてリニア中央新幹線が持つ問題を考えてみよう、ということです。リニア中央新幹線の最も注目される特徴は500km/hというその高速性です。この高速化のためにどんな問題が生じてきているのかという視点で、高速性に焦点を当ててリニア中央新幹線について述べていく、そのように記述すれば、さまざまな問題の関連性もつかめ、リニア中央新幹線という巨大システムの全体像が多少ともをつかみやすくなるのでは、と思ったからです。

もう1つは、筆者の専門外や苦手のわからない分野の問題も、省かないで最小限のことは記述するようにしよう、ということです。筆者の専門は機械工学それも蒸気動力であり、その関連で少し勉強した交通機関工学や環境工学がせいぜいです。しかしリニア中央新幹線では、超電導、電磁気、地質、土木、交通経済などの分野が関わってきますし、環境問題に関してはさらに広い範囲の分野が関わってきます。専門外のことは書くべきではない、というのが研究者の心得ですが、ここではウェブの資料や参考書で調べたり、他分野の研究者の成果などを使わせてもらったりして、私なりに記述することにしました。リニア中央新幹線の問題点を多少とも全体的につかむにはその方がいいかと思ったからです。

　こうしてできたのが本書です。いささか紙数の多いものになって読みづらくなってしまいましたが、リニア中央新幹線をどう見るか、読まれた方に何かヒントになるところがあれば、と願う次第です。ただ上記のような方針で書いたものですから、間違っている点、欠けている点があるかと思います。批判の眼でお読み頂きますように、とお願いする次第です。

2016年1月　　　　　　　　　　　　　　　　　　　　　　著者

『リニア中央新幹線に未来はあるか』目次
―鉄道の高速化を考える―

はしがき……………………………………………………………………………… 3

はじめに……………………………………………………………………………… 7

1　リニア中央新幹線計画の概要………………………………………………… 11
　　超電導リニア鉄道技術の開発経過／国、JR 東海がいうリニア中央新幹線の
　　目的・意義／巨大プロジェクト、リニア中央新幹線計画のあらまし

2　リニア中央新幹線の技術と輸送コスト―高速化の技術―………………… 19
　　交通機関とスピード／交通機関の基本構造と性能／在来型鉄道の支持と推
　　進方式／リニア中央新幹線の支持と推進方式／リニア中央新幹線の技術的
　　特徴／リニア中央新幹線の輸送エネルギー性能／カルマン・ガブリエリ線
　　図をみる／リニア中央新幹線の路線の特徴／リニア中央新幹線の輸送コス
　　ト、在来型新幹線の3〜4倍!?

3　500km/h と旅客需要予測―高速化の経済―………………………………… 45
　　旅客の移動コストと機会損失モデル〈旅客（運ばれる側）の移動コスト／機会
　　損失モデル／機会損失モデルの適用〉／中央新幹線の整備形態と輸送需要予測
　　〈JR 東海の需要予測／「小委員会」（国交省）の需要予測／JR 東海、国の予測方法、
　　予測条件に内包される問題点〉／運賃わずか1000円アップでなぜ採算が取れ
　　るのか／JR 東海の長期債務残高の推移をみる

4　環境問題・安全問題…………………………………………………………… 67
　　1　環境・安全面から見たリニア中央新幹線計画の問題点　68
　　　移動コスト重視で計画の妥当性を評価したこと〈移動コスト基準で評価する
　　　機会損失モデルの限界／移動コスト基準の評価だけでは、なぜ500km/h が必要な
　　　のか、という検討は行われない〉／「小委員会」における環境問題の審議／技
　　　術の開発・利用のあり方の問題〈技術の特性と環境・安全のための原則／超電
　　　導磁石、地上コイルの信頼性／リニア中央新幹線が内包する危険性〉／リニア中
　　　央新幹線計画の二重性格がもたらす問題

    2 さまざまな環境問題　*79*
     建設計画に関わる問題／建設工事に伴う問題／リニア中央新幹線運行に伴う問題／開発側主導の環境アセスメント／リニア中央新幹線と環境制約

    3 リニア中央新幹線運行による CO_2 排出量予測と温暖化問題　*91*
     JR東海の CO_2 予測批判／リニア中央新幹線導入で大きく増える電力使用〈リニア中央新幹線の輸送エネルギー性能の推定／東京〜大阪間の直行旅客輸送による両新幹線の電力使用量の推定／JR東海が負う温暖化対策の課題〉

    4 リニア中央新幹線は地震に耐えられるのか　*97*
     地震に見舞われる新幹線／リニア中央新幹線の地震対策

5 スピードの価値再考―高速化の社会学―……………………………… *103*

    1 根強いスピード志向　*104*
     ヒト・人としての活動がスピードを志向する〈ヒトが動物であることによるスピード志向／人としての特徴に起因するスピード志向〉／機会損失モデルはなぜ強力なのか

    2 スピードの価値再考　*108*
     移動のそもそもの目的は何なのか、3つのモデルで考える／社会の階層システムと機会損失モデルの限界／スピードの価値再考／第三者機関による検討が必要なリニア中央新幹線

おわりに………………………………………………………………………… *117*
     リニア中央新幹線の技術的特徴／リニア中央新幹線計画について／スピードの価値を再考する

資料・文献……………………………………………………………………… *123*
あとがき………………………………………………………………………… *125*

はじめに

　「リニア中央新幹線」の建設計画が進められています。時速500kmで東京（品川）〜名古屋を40分、東京〜大阪を67分で結ぶ計画で、JR東海の予定では東京〜名古屋を2027年、大阪までの全線開業は2045年とされています。2014年10月、太田昭宏国土交通大臣（当時）はJR東海に対して品川〜名古屋間286kmの工事実施を認可し、JR東海は工事に入っています。

> **ノート**
> 「リニア中央新幹線」という呼称ですが、JR東海は「超電導リニア」といい、国土交通省は「超電導磁気浮上式鉄道」と呼んでいます。この鉄道の技術方式を特徴づけるなら、超電導磁気浮上・リニアモータ推進式高速鉄道というのが正確でしょう。本書では、このような技術だけを指す時は超電導リニアと呼び、この技術を利用して高速列車を走らせようとする「中央新幹線」計画を指す時は、リニア中央新幹線と呼ぶことにします。

　リニア中央新幹線計画に期待し、歓迎する人々も多く、山梨実験線（42.8km）の「体験乗車」は大人気です。財界産業界や沿線都府県でも、夢の超特急、未来を拓くリニアなどと大歓迎で、とりわけ関西では2045年は遅い、もっと早く、名古屋と同時開業せよと要請するなど、さながらリニアフィーバーの観を呈しています。

> **ノート**
> Webで筆者の目についた政官財のリニア中央新幹線推進の動きをいくつか挙げると以下の通りです。
> ＊リニア中央新幹線建設推進期成同盟会…沿線9都府県行政の運動体（京都は含まれていない）。名阪間では奈良を通る路線が想定されているが、京都は京都を通す路線にすべしとして独自に誘致運動
> ＊リニア中央新幹線建設促進経済団体連合会…経団連など経済諸団体の運動体

> ＊リニア中央新幹線全線同時開業推進協議会…大阪府・市と関経連・関西同友会など大阪の官民共同運動体
> ＊自民党超電導リニア鉄道に関する特別委員会…大阪―名古屋―東京間同時実現を目指す議員連盟、など。

　しかし一方で、大量の電力を使うと予想されるがいいのか、スピードを上げると事故のリスクも大きくなり、安全上問題はないのか、南アルプスにトンネルを貫くなど山岳域の巨大土木工事になるが、自然破壊が避けられないのではないか、第一そんなに速く走る必要があるのかなど、疑問や不安の声も多く出されています。

　実用路線規模の山梨実験線が建設され、走行実験が始まって20年近く経ちました。この間、水枯れや騒音など実際に被害が生じています（参考文献、樫田2015、詳しくは本書末尾に記載しています）。計画路線の沿線に住む人々からは、用地買収や立ち退き、膨大な量の建設発生土の処理処分、トンネル工事による水涸れ、山や河川の破壊、電磁波、微気圧振動・騒音、工事公害など、さまざまな問題が出されています。同じような問題点を指摘する自治体も少なくありません。工事が認可され、JR東海による建設工事が始まりつつありますが、リニア中央新幹線はさまざまな論議を呼んでいます。

　リニア中央新幹線の際立った特徴の1つは、時速500kmというスピードにあります。実際、リニア中央新幹線の建設を進めようとするJR東海や国など、開発側が最大の"売り"にしているのはそのスピードです。また、リニア中央新幹線を利用しようとして期待、歓迎する需要側が、一番の"買い"としているのも、スピードにあります。

　そこで本書では、500km/hというスピードに焦点を当て、そしてまた、私たち人や社会にとってスピードはどんな意味を持つのかを考えながら、リニア中央新幹線という巨大プロジェクトについて、

できるだけ総合的な視点に立って概観し、交通輸送システムとして、リニア中央新幹線計画が持つ基本的な特性や問題点について考えてみたいと思います。

　本書では、まず500km/hを実現する方法とそれに要するエネルギーやコスト、つまり「高速化の技術」について述べ、次に、なぜ500km/hなのかという「高速化の経済」について、そして最後に、そもそもなぜ人や社会はスピードを志向するのか、いわば「高速化の社会学」といったことについて述べることにします。これらについて考える中で、リニア中央新幹線にかかる環境問題・安全問題について概観し、それら問題が高速化とどうかかわっているのかを論じたいと思います。

1　リニア中央新幹線計画の概要

　リニア中央新幹線開発計画の主な経過は表1のとおりです。表を見ながら今日に至る経過を概観してみます。

超電導リニア鉄道技術の開発経過
　超高速鉄道開発の動きはずいぶん早く、国鉄時代の 1962 年から時速 500km を目標に始まっています。いろいろな技術的方法が検討され、磁気浮上・リニア推進方式で開発を進めるという方針が 1971 年に決められました。超電導磁気浮上の実験が始まり、1977 年には宮崎に 7km の実験線が建設され、走行実験も始まりました。

　国鉄時代、この高速鉄道の研究開発は鉄道技術研究所（当時）で続けられていましたが、1987 年に国鉄が民営化され、その続行について論議されたといわれています。JR 東海からは、建設費を自社も負担する、実際の走行条件を持つ実験線をつくろうという提案がなされるなどして、山梨実験線の建設が決定され、以後は鉄道総合技術研究所（民営化に伴い、国鉄時代の鉄道技術研究所などを引き継いで設立された財団法人）、JR 東海、及び鉄道建設公団（2003 年に解散、業務は現在の鉄道建設・運輸施設整備支援機構に引き継がれた）によって本格的な研究開発が始まりました。

　国の関与は、国交省運輸技術審議会鉄道部会の中に「超電導磁気浮上式鉄道実用技術評価委員会」（以下では「技術評価委」と略称）を設け、ここで実験の進行具合のチェックや実用化の可能性、実用化のための課題などの技術評価をしてきました。「技術評価委」は 2000 年に「実用化の目途が立った」、2005 年には「実用化の基盤技術が

表1 リニア中央新幹線計画決定までの主な経過

年	内容
1962	国鉄時代・鉄道技術研究所、高速鉄道（500km/h）開発開始
1971	磁気浮上・リニア推進方式とする開発方針、超電導浮上実験始まる
1973	中央新幹線を基本計画路線に決定（「全国新幹線鉄道整備法」）
1977	宮崎実験線（長さ7km）で走行実験始まり、以後20年山梨実験線へ移行するまで続けられた
1987	有人走行で400km/h、国鉄民営化
1989	山梨実験線計画決定（JR東海が建設費負担、山梨実験線計画提案）、これ以後鉄道総研、JR東海、鉄道公団で開発続行
1997	3月山梨実験線（先行区間18.4km）完成、実用化に向けた実験開始、12月に550km/hのスピード走行
2000	国交省超電導磁気浮上式鉄道実用技術評価委員会が「超電導リニアモーターカーは実用化の目処が立った」と評価
2007	JR東海、建設費自己負担して2025年リニア中央新幹線営業開始に向けて手続き進めると発表
2009	山梨実験線延伸工事着工、JR東海リニア中央新幹線計画の路線、所要時間、工事費、運行費、輸送需要など発表
2010	国交大臣、「中央新幹線の営業主体、建設主体の指名、整備計画の決定について」交通政策審議会に諮問
2011	5月国交大臣、中央新幹線整備計画決定、営業・建設主体にJR東海を指名、6月JR東海は環境アセスメント手続き開始
2013	山梨実験線全線42.8km完成、JR東海は営業線見据えた走行実験開始
2014	8月環境アセス手続き終了、同月JR東海、品川〜名古屋間の工事実施計画申請、10月17日国交大臣工事実施計画認可、着工へ

確立したと判断できる」、そして2009年には「営業線に必要となる技術が網羅的、体系的に整備され、今後詳細な営業線仕様及び技術基準等の策定を具体的に進めることが可能となったと判断できる」（技術評価委2009、この表記は参考あるいは引用した文献や資料とその発行年を表しており、詳しくは本書末尾に記載しています）と評価し、実

用化に対して技術面のお墨付きを与えました。

　山梨リニア実験線はもともと路線延長42.8kmの計画でしたが、当初は計画どおりつくれず、1997年18.4kmを先行区間として建設し、実験に入りました。2009年延伸が決定され、2013年に42.8km全線が完成して営業規模に近い列車編成で実験が続けられています。山梨実験線は、リニア中央新幹線の一部として実用路線とされる予定です。

　1964年東海道新幹線が開通し、その成功を受けて、新幹線網の建設が進められるようになるのですが、その根拠法として1970年「全国新幹線鉄道整備法」（以下では全幹法）が定められました。この法律によれば、新幹線はすべて国のプロジェクトとして進めるとされており、建設費は国と沿線自治体の予算、つまり国民の税金で賄うとされています。運営主体は国鉄（民営化後はJR各社）となっています。この法律に則って1973年、中央新幹線は基本計画路線の1つとして決められましたが、その時点では基本計画路線として挙げられただけで、整備計画にはなっていません。

　JR東海は2007年、「建設費を自社で負担して、2025年にリニア中央新幹線の営業を開始する」という内容の手続きを始めると発表します。ついで2009年、JR東海はリニア中央新幹線計画の路線、所要時間、工事費、運行費、輸送需要など、さらに具体的な計画内容を発表します。国のプロジェクトである中央新幹線計画は、全幹法によれば建設主体や営業主体の指名など国が主導して計画が進められるはずですが、JR東海は、早々と同社が建設し運営するという計画を発表したことになります。

　500km/hを目指すリニア高速鉄道、その技術開発は長期にわたって進められ、技術評価委のお墨付きが出されると、その技術が一方で全幹法によって基本計画路線として置かれていた中央新幹線計画

と結び付けられ、JR東海によってリニア中央新幹線計画という形で具体化されることになったわけです。

　ここまでの経過は、表1によって見たように、何十年もかけ長期にわたって進められてきたのですが、ここから後の、計画の意思決定、工事の認可着工に至る動きはにわかに急になります。2010年、国交大臣は交通政策審議会に、中央新幹線の営業主体や建設主体、新幹線の鉄道方式（在来方式にするか超電導リニアにするか）、ルートについて諮問しました。報道などで「整備新幹線」という言葉がよく出てきますが、これは具体的な建設計画段階に入った新幹線計画を指します。上述の諮問は中央新幹線を整備新幹線として具体化するための諮問でした。交通政策審議会陸上交通分科会鉄道部会の中に中央新幹線小委員会（以下では「小委員会」と略称）が設けられてこの審議に当り、小委員会は1年後の2011年5月12日、営業主体、建設主体ともJR東海、方式は超電導リニア、ルートは南アルプスルートが適当とする答申を出しました。2011年5月20日、国交大臣は中央新幹線の建設主体・営業主体にJR東海を指名、同5月26日中央新幹線整備計画を決定、翌27日、国交大臣はJR東海に建設を指示、そして翌月からJR東海は環境アセスメントの手続きに入り、配慮書、方法書、準備書などをどんどん進め、2014年8月に「環境影響評価書」提出、そして同月26日JR東海は国交大臣に工事実施計画の認可を申請、2014年10月17日国交大臣はそれを認可する、といった具合です。驚くような速さで意思決定や手続きが進められ、2014年秋からJR東海はリニア中央新幹線建設の工事に入ったという次第です。

国、JR東海がいうリニア中央新幹線の目的・意義

　リニア中央新幹線計画を進めるJR東海はその目的を2点挙げて

います（JR 東海 2010）。
　①　東京・名古屋・大阪の大動脈輸送の二重系化を実現し、将来のリスク発生に備える必要
　②　日本の経済社会全体に大きな波及効果

①にいう将来リスクとは、たとえば 30 年以内に発生確率 70％（政府・地震調査研究推進本部 2015）という南海トラフなどによる巨大地震で、東海道新幹線が長期に停止するというリスクです。1 本しかない三大都市圏を結ぶ輸送大動脈が止まれば大変で、それに備えるというものです。②は三大都市圏を結ぶ 500km/h の高速輸送及びそれを可能にする超電導リニアという新技術はさまざまな発展効果をもたらすというものです。一方、国交省は以下の 5 点を挙げています（「小委員会」答申 2011）。

　①　三大都市圏を高速かつ安定的に結ぶ幹線鉄道路線の充実
　②　三大都市圏以外の沿線地域に与える効果
　③　東海道新幹線の輸送形態の転換と沿線都市群の再発展
　④　三大都市圏を短時間で直結する意義
　⑤　世界をリードする先進鉄道技術の確立及び他産業への波及効果

①は JR 東海のいう二重系化と同じ、②〜⑤は JR 東海の挙げる②の効果を 4 点に分けて記述したものと読み取れます。つまり両者とも、目的は三大都市間の輸送能力の信頼性向上と高速化による充実にあり、これを超電導リニアで行う意義は、日本の経済・社会全体に非常に大きな波及効果をもたらすというものです。

巨大プロジェクト、リニア中央新幹線計画のあらまし

　表 2 は、リニア中央新幹線の主な技術仕様や建設費などについて、JR 東海や「小委員会」などの関連資料から抽出して一覧にしたも

表2　リニア中央新幹線の主な仕様、建設費用など

主要技術	支持方式	超電導磁気浮上・案内方式
	推進方式	地上1次側リニア同期モータ方式
	電動機(出力)	(1列車区間変圧器容量 200MVA)
	運行制御	地上指令所遠隔運転
走行性能	営業最高速度	505km/h
	最大加速度	0.2G(毎秒約 7.2km/h)
	最大減速度	0.2G
車両	全幅×全高	2.9×3.28m
	列車長(16両)	400m
	総質量	約 400 トン
	座席数(旅客定員)	1000
路線(軌道)	実長さ(トンネル部)	438(312)km
	営業キロ	552.6km
	最大勾配	40/1000
	最小半径	8000m
建設費など	建設費(内車両費)	90300 億円(7300 億円)
	維持運営費	年間 3080 億円
	設備更新費	年当り 1210 億円

同じ路線を在来型新幹線で建設する場合

建設費、所要時間など	建設費(車両費含)	68300 億円
	維持運営費	年間 1770 億円
	設備更新費	年当り 580 億円
	営業最高速度	300km/h
	所要時分	120 分

のです。この表も含め、本書では量的なデータについては東京（品川）〜大阪（新大阪）に関するものを示しています。現在建設が認可された工事区間は東京〜名古屋区間ですが、国やJR東海の挙げている目的や意義を見てもわかるように、リニア中央新幹線は東京〜大阪間で運転されないとほとんど意味をなさない計画と思われるからです。本書では、とくに断らない限り、東京〜大阪を想定して論

じています。

　東京～大阪間をできるだけ短時間で結ぶため、直線的路線とされ、路線の実長さは営業キロ（運賃の算定に使われる路線長さ）より100km以上も短くなっています。トンネル部分が多く60%（東京～名古屋間はもっと多く86%）がトンネルという計画になっています。目につくのは加速度の大きさで、0.2G（Gは地球の重力加速度で毎秒約35km/h、0.2Gは毎秒約7.2km/h）も可能といいます。東海道新幹線N700型「のぞみ」では毎秒2.6km/hで、それと比べてみても大変大きいものです。減速も同じような大きさで、この加減速では乗客は立っているのは要注意と考えられ、リニア中央新幹線はすべて座席指定となるでしょう。

　路線勾配の大きさも目につきます。東海道新幹線は16/1000ですが、リニア新幹線は40/1000で大変な急勾配です。この勾配でも500km/hで運行できる、500km/hでも0.1Gで加速できるといわれますから、リニア中央新幹線はすごいパワーを持っていることになります。だからでしょう、1列車区間受電変電所の変圧器容量は200MVA、すなわち20万キロボルトアンペアと非常に大きくなっています。この数字はJR東海の品川～名古屋間の工事実施計画書（JR東海2014a）からの引用ですが、筆者は最初この数字を見て、1列車（16両編成、400トン、1000座席）を走らせるのにこんな大容量の電気供給設備が要るのか、と驚きました。

　後で述べますが、リニア中央新幹線の輸送性能を調べていくと、これぐらい大容量の変電所を整備するのも不思議ではない、ということがわかってきます。もしかするとJR東海は、今回の計画がうまくいって営業運行が成功したら、ゆくゆくはもっとスピードアップしたいと思っているのかもしれません。

2 リニア中央新幹線の技術と輸送コスト—高速化の技術—
車輪・軌道方式から超電動リニア推進方式へ

交通機関とスピード

　乗客から見るとどんな交通機関が良いのでしょうか。運賃、スピード、安全性、定時性（時間信頼性）、乗り心地、環境保全性などさまざまな要素が考えられますが、最も重視されるのは運賃とスピードです。スピードは交通機関技術ではとりわけ重視され、「交通機関技術発達の歴史はスピードアップの歴史である」と言っても過言ではありません。鉄道に限らずほとんどすべての交通機関は、現在でもスピードアップが技術開発の重要な目的の1つになっています。

> **ノート**
> 交通機関の役目は旅客や貨物を無事に輸送することです。また走行に伴って環境に悪影響をもたらさないことも当然の要件で、信頼性、安全性、環境保全性は輸送の大前提です。スピードアップの技術開発も、これらの前提条件の制約下で検討されねばなりません。鉄道のような大量輸送交通機関は公共性が強く、前提条件の確保はとりわけ重要です。いくらスピードが大事といっても安全が損なわれては意味がありません。しかし、さまざま生じている事故やトラブルをみると、この大前提が確実に守られているとは言えない現実があります。信頼性、安全性、環境保全性は交通輸送の重要課題です。

　図1は鉄道のスピードの歴史的推移を見たものです（赤木2007）。1830年にイギリスで初めて運賃をとって輸送サービスをする公共鉄道が運行されました。そのスピードは時速48kmでした。それから年代とともにスピードはどんどん上がり、現在では高速鉄道（新幹線）は時速300kmぐらいで営業運転されています。図で世界の記録をみると、500km/hを超えるデータもありますが、これらは営業運

図1 鉄道高速化の推移

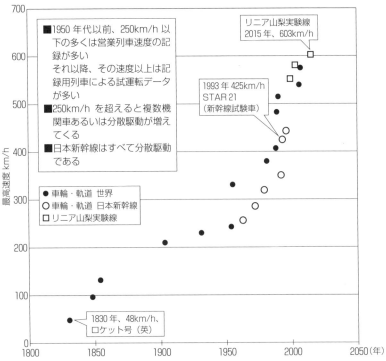

資料：Wikipedia, Land speed record for rail vehicles, https://en.wikipedia.org/wiki/Land_speed_record_for_rail_vehicles、及び高速鉄道の最高速度記録の歴史 https://ja.wikipedia.org/wiki/（2015年12月20日閲覧）から抽出したデータにより筆者が作図した

転ではなく、記録を出すためのテスト走行で、ほんの数秒間の走行ではあっても達成記録として認められたものです。ただし実際に営業で使われている線路と列車を使っての記録であり、日本の新幹線も含めて在来の車輪・軌道方式の鉄道での記録です。図には超電導リニアの山梨実験線での記録も載せてあります。2015年4月、603km/hという最高記録を出しています。

　図1から鉄道は高速化の歴史をたどり、それは今も続いているように見えます。超電導リニアの開発で、車輪・軌道方式の限界を突

破して、さらに高速化に進むのでしょうか。

> **ノート**
> 交通機関という用語ですが、交通機関だけでは移動はできません。鉄道も列車だけでなく路線（軌道）及び駅が必要で、これらを合わせて示す場合は単に鉄道あるいは鉄道システムと呼びます。広く交通一般をさす場合は、移動手段、輸送手段あるいは交通システムという用語を使い、それは主に3つの部分、駅、路線および移動体から成っています。移動体は旅客や貨物を乗せて路線を走行する部分であり、ここで使っている交通機関という用語はこの移動体を指しています。移動体というより交通機関という方が、日常的でなじみがあります。

交通機関の基本構造と性能

図2のように、どんな交通機関でも主には「動力」「推進」「支持」「載貨」及び「制御」という5つの機能部分で成り立っています。例えば、人が歩いて移動する場合、人自身が交通機関となって自らを運んでいると見られますが、この場合も5つの機能部分から成っています。「動力」は筋肉群の伸縮等で手足を動かす機能、「推進」は靴底と地面（路面）との接触面に働く摩擦を利用して歩く方向への推力を生み出す機能、「支持」というのは自分の体重を支える機能ですが、靴底に接する地面は体重による圧力で押され、それによって生じる地面反力で体重を支えているのです。地面がぬかるんでいたり、砂地だったりすると地面がうまく支えてくれないので、なかなか思うように歩けないこ

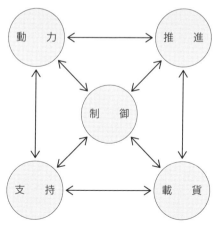

図2　交通機関を構成する5つの基本要素

とになります。「支持」は交通機関では目につきにくい部分ですが、非常に重要な機能です。「載貨」は、歩行の場合は自分自身が運ぶ対象ですが、手ぶらでなく、荷物を運んだり赤ちゃんを抱いたりする時は、カバンや帯などを使ってそれらを持ち運べるようにする機能、「制御」はこれら4つの部分を操って目的どおりの歩行をさせる機能です。

歩行の例をみましたが、どんな交通機関も5つの機能部分で成り立っています。改めて整理すると次のようになります。

＊動力…動力を発生させる原動機（エンジン）部分
＊推進…推力を発生する（動力を推力に変換する）部分
＊支持…交通機関の重量（質量に働く重力）を支える部分
＊載貨…旅客や貨物を収納する部分
＊制御…運転操縦部分

これら5つの部分をどんな方法で行っているかという、その相違によっていろいろな交通機関が開発され利用されています。5つの中では支持技術、自分の重さをどんな方法で支えるのか、それが交通機関の特徴に強く影響します。鉄道、自動車、船、飛行機などいろいろな種類の交通機関がありますが、その種類分けは支持方法によって決まるといっても過言ではありません。

交通機関がスピードを出して走行するためには、エネルギーが必要です。どれだけのエネルギーを使うのか。エネルギー性能は交通機関の重要な性能ですが、それは主に動力、推進、支持、載貨の4つの部分の性能で決まります。制御は、それら4つの部分の運転・操縦を行う部分で、直接にはエネルギー性能に関係しません。

交通機関が走行すると抵抗を受けるのでその抵抗に見合う力、推力を発生させて推してやらないと交通機関は走りません。交通機関が使うエネルギーの大部分は、この推力を発生させるために使われ

ます。走行抵抗は小さいことが望ましいのですが、この走行抵抗には支持方法が強く関係するのです。支持方法が各種交通機関の特徴を決定づけると述べたのはこれゆえです。

スピードアップするほど一般に走行抵抗は増加するので、大きな推力が必要になりますが、推進方法によって出せる推力には限界があり、走行抵抗がその推力限界に等しくなると、それ以上にスピードを上げることはできません。また動力を出す原動機も、その原動機の種類によって使用できる範囲に限界があります。交通機関が図3の5つの部分にどのような方法を採用しているか、それによって交通機関それぞれの性能限界や安全限界があります。

> ノート
> 支持方法が交通機関の特徴を決定づけます。交通機関はどんな方法を採用しているのでしょうか
> ・自動車は、車輪のゴムタイヤを介して路面反力で支持
> ・船舶は、船体没水部分に働く水の浮力で支持
> ・航空機（固定翼方式）は、水平翼周りの気流によって生じる揚力で支持
> ・鉄道は、車輪・軌道（レール）と枕木（路盤）を介して地面反力で支持
> ・リニア中央新幹線は、強い磁界をつくって生じる磁力によって支持
> その他ロケット、人工衛星、ヘリコプタ（回転翼方式）などそれぞれ独特の支持方法を利用しています。

在来型鉄道の支持と推進方式

在来鉄道の支持、推進は車輪・軌道方式と述べてきましたが、車輪と軌道の基本的な構造は図3のようになっています（図は簡略にしたスケッチで、実際の構造はもう少し複雑です。現在はコンクリート構造のものもあります）。「支持」は、車輪にかかる車両重量を直接にはレールによって支えますが、レールは枕木、道床を介して最終的には地面の反力によって支えています。レール、枕木、道床によって荷重面積を広げ、地面にかかる圧力を下げて地面強度に耐えるよう

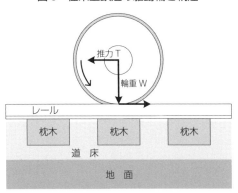

図3　在来型鉄道の駆動輪と軌道

■支持はレールと枕木・道床（現在はコンクリート床版のものもある）で荷重面積を広げて面圧を小さくして地面の反力で支えられるようにする（実際構造はもっと複雑）
■推進は車輪とレールとの接触面に働く摩擦力（粘着力）による。すなわち推力Tは下式。輪重Wは駆動輪が支える車両重量に等しい
　　$T = \mu W$
　　μ：摩擦係数（粘着係数）

にしているのです。

　車輪には、その機能によって、単に車両重量を支えるだけの支持輪と、支持だけでなく「推進」の役割と二役をする駆動輪とがあります。自動車と同じです。駆動輪は動力部によって駆動され、その時に車輪とレールとの接触面に生じる摩擦力（鉄道では粘着力という）を推力として利用します。摩擦力は摩擦係数（粘着係数）に車輪にかかる荷重（輪重という）を乗じた値になります。摩擦係数の値は車輪とレールの材質やその表面状態（滑らかさや乾いているか水で濡れているかなど）で定まってくる値で、自由に変えたりはできません。出せる推力の限界は、事実上、輪重つまり駆動輪にかかっている車両の重さで決まり、それ以上大きな推力は出せません。

　スピードを上げていくと走行抵抗はどんどん増えていきますから、推力も上げていかないといけませんが、しかし今述べたように出せる推力には限界があり、走行抵抗がその限界に達したら、それ以上のスピードアップは不可能になります。鉄道列車には機関車だけに動力部を積んで推進機能を持たせ、これに載貨だけをする客車や貨物車を何両もつなぐタイプの列車と、機関車はやめて替わりに複数

の車両にエンジンを積んで推進機能を持たせたタイプの列車があります。前者は推進機能を機関車だけに任せる集中駆動方式、後者は複数車両で推進する分散駆動方式といえるでしょう。集中駆動では推力を発生させるのに機関車重量だけしか利用できませんが、分散駆動では推進を担当する車両すべての重量を推力発生に利用でき、その分大きな推力を出すことができることから、集中駆動方式以上にスピードを上げることが可能になります。分散駆動を採用するには、電気モータ、ディーゼルエンジンやガスタービンなど軽量小型で大きなパワーを出せる動力装置が必要で、そのようなエンジンが開発されて以後、スピードが重視される旅客列車は多くがこの分散駆動になっています。新幹線もそうです。貨物列車では、スピードより輸送コストが重視されることもあり、まだ機関車による集中駆動が多くなっています。

　以上が、在来の車輪・軌道方式の支持、推進の仕組みで、分散駆動によってさらにスピードを上げることが可能になりましたが、それでもこの方式で出せる推力には限界があります。また車輪・軌道方式には推力限界と別の制約もあります。1つは、高速化とともに車両の振動・動揺が増大し、脱線などのリスクが大きくなること、また1つは、集電の問題です。電車は電線から集電装置（パンタグラフ）によって電力を車上に取り込むのですが、高速化に伴って集電が困難になってくることです。これらの限界は、工夫改良によって改善されてきてはいますが、瞬間的な試験走行ならともかく、安全性、信頼性を維持して長時間の運行に耐えねばならない営業運転では、300km/h台が限界ではないでしょうか。

リニア中央新幹線の支持と推進方式
―磁力で車両を持ち上げて走らせる超電導リニアの仕組み―

　営業速度500km/hを実現するには、在来の、車輪と軌道による支持・推進方式では無理なので、リニア中央新幹線では、支持は電磁石の磁力を利用し、推進はリニアモータを使う方法が採用されています。重い車両を持ち上げるのですから強力な電磁石が必要で、そのために超電導コイルを利用しています。超電導とは、ある種の金属は非常に低い温度に冷やされると電気抵抗がゼロになりますが、この現象のことを指しています。超電導状態にある物質でコイルをつくれば、電気抵抗ゼロですから大量の電流を流すことができ、電流は流れ続けますので、強力な磁場をつくることができます。リニア中央新幹線ではニオブチタン合金が使われていますが、この物質は約マイナス263℃で超電導状態になるので、超電導コイルにするにはこの温度以下に冷やしておかねばなりません。このためコイルを液体ヘリウム（沸点は約マイナス269℃）で冷やす冷却装置が装備されています。コイル温度が上昇して超電導状態でなくなる（クエンチする）と支持機能が失われ、重大なトラブルを引き起こすことになりかねないことから冷凍装置の故障や損傷への厳重な対策が必要です。

　超電導コイルは車上に取り付けられており、列車と一緒に動きます。一方、地上側には側壁内側に全線にわたって地上コイルが取り付けられています（図4参照）。列車が走って車上の超電導コイルが通過する際に地上コイルに誘導電流が流れ、地上コイルも電磁石になります。地上コイルの巻き線方向や姿勢、及び車上の超電導コイルとの位置関係を適切に調節し、車上と地上の磁石による反発力、吸引力で車両を持ち上げ（浮上）、また左右方向の車両の位置をガイドウェイの中心に保持する（案内）ことができる仕組みになっています（[ノート]参照）。

地上コイルに生じる誘導電流は列車の速度が遅いと弱くて磁力は十分ではありませんが、速度の増加とともに電流が増し、150km/hぐらいになると十分な浮上力の大きさになり、浮上高さ10cmが保持されるように設計されています。

ノート

磁力浮上の仕組み

　超電導コイルには何十万アンペアという大電流が流され強い磁場が発生して強力な電磁石になっています。ガイドウェイに取り付けられている浮上用コイルには、電流は流されていませんが、列車が走ってきて超電導磁石が通過する時、その磁場の影響で電流が発生し（これは電磁誘導という物理現象で誘導電流と呼ばれます。超電導磁石が通り過ぎてしまうと流れなくなります）、その時だけ浮上用コイルも電磁石になります。発生する誘導電流は、下コイルは超電導コイルと同じ磁極（図の場合はN極）が向き合い、上コイルでは反対の磁極（図の場合はS極）が超電導コイルに向き合うようになる方向に流れます。

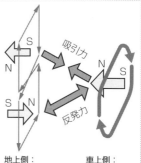

地上側：
浮上用コイル
電導線を8の字形につないで、電線の方向が逆になるようにした。上下2つのコイルから成る

車上側：
超電導コイル
数十アンペアの電流が流され、強力な電磁石になっている

コイル上の→は電流の方向、灰色の大きな矢印は電磁石のN極方向を示す

　そうすると図のように、超電導コイルと浮上用コイルとの間に、下コイルでは反発力、上コイルでは吸引力となる磁力が生じ、これら磁力の垂直成分が車両の重さと釣り合う高さで列車は支えられるというわけです。うまくできています。浮上高さ10cmになるようにコイルの寸法や位置関係が調整されています（浮上用コイルは案内（車両の左右方向の位置の保持）の機能も持っていますがその説明、またガイドウェイには推進用コイルも取り付けられていますがその説明は省略します）。

　浮上用コイルに生じる誘導電流は超電導コイルの通過速度が大きいほど強くなり、磁力も強くなって支持は一層安定します。超電導コイルが通り過ぎると磁力は消えますが、浮上用コイルは全線に取り付けられていますから、列車走行に応じて次々と上に述べたような働きをします。超電導コイル4つを組み込んだユニットが台車両側に取り付けられ、16両編成では台車は17台ですから、全部で4×2×17＝136個の超電導コイルが利用され、それらに生じる磁力で列車は支えられるのです。

図4　リニア中央新幹線の車体とガイドウェイの構造及び位置関係概略

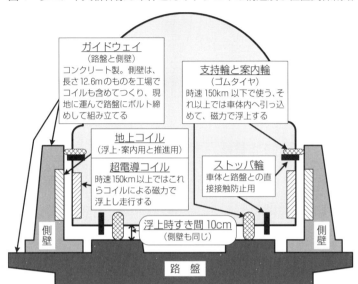

　推進は、1次側コイルを地上に設置し、これと車上側の超電導コイルによってリニア同期モータを構成して推力を発生させる仕組みになっています。このためガイドウェイ側壁には全線にわたってリニア同期モータ用のコイルも取り付けられており、これに電流を流して推力を発生させるのです。いわば路線全体を1つのモータにしたような仕組みといえます。1次側を地上にしていますから、車上に推進用の電力を供給する必要がなく、集電の問題が回避され、車両の軽量化もできます。ただし全線にわたってコイルを取り付ける必要があり、建設費は大きくなります。

　リニアモータの技術は、以前からさまざまな用途に広く使われています。鉄道では、たとえば大阪の地下鉄長堀鶴見緑地線や今里筋線などはリニアモータで推進されています。ただし同期モータではなく誘導モータで、1次側を車上に置き、電力供給や運転操作は、従

来と同じように車上で行うようになっています。また支持や案内は従来通り車輪と軌道によっています。車輪は必要ですが支持輪だけでよく、下部にこれまでのような原動機を搭載する必要がないので、車両全体の寸法を小さくでき、トンネルも小さくて済み、建設コストを下げることができるとされています。

　以上のようにリニア中央新幹線は、超電導を利用した車上コイルによる電磁石と地上コイルによる電磁石との間で吸引力、反発力を生じさせ、これら磁力を支持（浮上と案内）および推進力に活用しているのです。磁力は磁石と磁石の距離、つまりは地上コイルと車上コイルの間の距離によって大きく変化します。効果的に支持力、推進力を生み出すためには、地上と車上のコイル間距離はできるだけ小さい方が良いのですが、あまり小さくすると列車の動揺や振動、設置誤差、地上コイルの振動や変位などによる事故やトラブルのリスクが大きくなります。リニア中央新幹線では浮上高さは10cm、また側面の地上コイル装置と車上コイル装置との間のすき間も10cm程度（涌井1990）になっています。

リニア中央新幹線の技術的特徴

　500km/hを出すために開発されたリニア中央新幹線、その主な技術的特徴をスケッチ風に示すと図4のようになります。

　図で注目される点は、左右の車上超電導コイル面と地上コイル面との隙間、及び車両底面と路盤面との隙間は、いま上で述べたように、いずれも10cmほどであり、列車はこのわずかな隙間でガイドウェイに囲まれた半閉空間を500km/hで疾走するわけです。低速域では浮上力、案内力は十分でないので支持輪、案内輪で支えて走行し、150km/hを超えるとそれら車輪は車両内に格納されます。飛行機の離陸時の様子とよく似ています。支持輪、案内輪と別にスト

ッパ輪というのが底面、側面に装着されています。これは振動や磁力の急変など何かの異常で隙間が急減しても車体がガイドウェイと直接接触しないようにするための金属製の回転輪です。ストッパ輪は格納されないで車体から出っ張った状態にあるので、そこでは隙間が小さくなっていると思います。ガイドウェイ側壁は長さ 12.6m、高さ 1.3m の大きなコンクリートブロックであり、路盤にしっかりとボルト締めで取り付けられます。磁力は地上と車上のコイル間距離によって敏感に変動すること、リニア同期モータであることなどのため、この大きなコンクリートブロックを設置するのに、数 mm 以下に収めるという、高い精度が要求されます。日本は地震多発国、リニア中央新幹線は南アルプスなど日本で最も地殻運動の激しい地域を通る予定であることなど考えると、常にそういう精度で位置が保たれていないといけないので、路線全体、とくにガイドウェイとそこに取り付けてある地上コイルの保守管理が重要です。

　図4で、もう1つ注目されるのは、リニア中央新幹線も、結局は地面の反力で列車重量を支えており、在来鉄道と同じであるという点です。「小委員会」において、磁力で支持し、レールなど使わないので、リニア中央新幹線はそもそも脱線など起こりようがない、だから安全だと説明されています。確かに、直接的には車両は磁力で支えるのですが、その反力は側壁で支えられています。そしてその側壁はボルト締めによって路盤に固定されていますから、ボルトを通して路盤で支えられています。さらに路盤は、高架橋構造物あるいはトンネル構造物を介して、地盤の反力で支えられることになります。結局は、リニア中央新幹線の列車も、在来鉄道と同じで、その支持は地盤の強度と安定性に依存しているのです。だから地盤がしっかりしていないといけません。

　推力を発生させるリニア同期モータは地上1次側としているの

表3 在来型鉄道とリニア中央新幹線、主要技術の比較

	在来型鉄道	リニア中央新幹線
支　持 (浮上及び案内)	＊車輪・軌道（レール、枕木、道床、路盤）、支持は地盤反力を利用 ＊安全限界（300km/h台が実用限界？試走では500km/h）	＊車上側超電導コイルと地上側コイルによって生み出す磁力を浮上及び案内に利用 ＊ガイドウェイ路盤の支持は地盤反力に依存
推　進	＊推力は駆動輪とレール接触面の粘着力 ＊推力限界（300km/h台が実用限界？、試走では500km/h）	リニア同期モータ（地上1次側にして集電問題を回避し、従来型の推力限界を突破）
動　力	車上電動機（集電限界）	
載　貨	車両（主として鉄鋼材）	車両（軽合金材、プラスチック材）
制　御	運行指令所及び車上運転士で運転操縦	運行指令所で遠隔制御、運転士は乗車しない

で、沿線20〜30kmごとに変電所を設け、電力会社から受電した電力を、周波数など必要な変換操作を行って、側壁に取り付けてある地上コイルに供給します。1変電所1列車給電を基本として、隣接する変電所の間には1列車しか走行できない状態（閉塞性）を確保します。

　以上、リニア中央新幹線の技術的特徴を見てきましたが、在来新幹線と比較してまとめてみると表3のようになります。

リニア中央新幹線の輸送エネルギー性能

　ここまで営業速度500km/hで運行しようとするリニア中央新幹線の技術的特徴を見てきましたが、それでは高速で運行するのにどれぐらいの電力を必要とするのでしょうか。交通機関にとって、運行のためにどれぐらいエネルギーを使うかは、輸送コストに強く関係

しますので、スピードとならんで非常に重要な性能です。所要エネルギーは、普通、「乗客1人を1km運ぶのに必要なエネルギー量」すなわち人キロ当りのエネルギー（貨物ならトンキロ当り）の使用量で表されます。この値の大小で他の交通機関などとエネルギー性能の良し悪しを比較することができます。エネルギー効率と呼ばれたりすることもありますが、ここでは輸送エネルギー性能と呼ぶことにします。リニア中央新幹線の輸送エネルギー性能はどれぐらいなのか、以下で推定してみましょう。

> ノート
>
> 輸送エネルギー性能の計算、人キロ、座キロ
> 　輸送エネルギー性能の計算は、たとえば乗客1人を10km運ぶのに電力2kWh使ったとしたら、輸送量は10人キロですから輸送エネルギー性能は0.2kWh/人キロ、乗客10人を20km運んで電力30kWh使ったとしたら輸送エネルギー性能は0.15kWh/人キロということになります。
> 　鉄道やバスなど多数の乗客を運ぶ交通機関では乗客人数が定員以下の場合、たとえば乗車率50%だったら輸送エネルギー性能は2倍近くに悪化するでしょう。実効性能を問題にする場合は乗車率の影響を考える必要があります。ただし本書では、リニア中央新幹線の基本性能について見ていますので、満席を想定しています。リニア中央新幹線では乗客は座席についているはず、人キロと座キロは同じ値になりますので、座キロ当りで輸送エネルギー性能を表しても同じになります。

　輸送エネルギー性能は、図2で説明した動力、推進、支持、載貨の4つの部分の総合性能で決まってきます。すでに述べたように、列車を高速で走らせるには列車にかかってくる走行抵抗と同じ大きさの推力が必要で、動力部と推進部は、この推力を発生させるためのものです。したがって、まず走行抵抗を知らねばなりません。

　500km/hで走るリニア中央新幹線にはいろいろな抵抗が生じます。阿部（2013）を参考にして列挙すると表4のようになります。比較のため在来型新幹線（東海道新幹線「のぞみ」を想定）も示してあ

ります。高速列車で一番大きい抵抗成分は空気抵抗です。在来型の新幹線ではトンネル以外の所（明かり区間）を主に走り、リニアはトンネル区間が主です。ま

表4　東海道新幹線とリニア中央新幹線、主な抵抗成分の比較

主な抵抗成分	東海道新幹線	リニア中央新幹線
空気抵抗	明かり区間が主	トンネル区間が主、ガイドウェイも影響
機械抵抗	車輪ころがり抵抗 伝動系損失	なし
磁気抗力	なし	磁気浮上に伴う抗力
加速抵抗	最大加速度 2.6km/h/秒	最大加速度 7.2km/h/秒
勾配抵抗	最大勾配15/1000	最大勾配40/1000

たリニア中央新幹線は車体下半が隙間 10cm のガイドウェイで囲まれていますので空気抵抗に影響があると思われます。機械抵抗は車輪のころがり抵抗やモータから車輪まで動力伝動系の損失などですが、そういうものはリニア中央新幹線にはありません。その代わり磁気抗力という抵抗成分が生じます。加速抵抗や勾配抵抗は、加速度、勾配いずれもが東海道新幹線と比べると大変大きくなっていますから、加速走行や上がり勾配走行ではこれら抵抗は大変大きな値になるでしょう。

　これら抵抗成分、とくに空気抵抗がどの程度なのか、筆者も関心がありますが、国や JR 東海からは公開されていません。阿部（2013）には独自に推定された抵抗値、所要電力、輸送エネルギー性能などが具体的に示されていて大変参考になります。ここではその値を引用して表5に示してあります。ただし加速抵抗、勾配抵抗は筆者の計算した値であり、また電力推進系効率というのは筆者の造語です（西川 2015）。電力推進系効率は、受電変電所からガイドウェイ側壁の推進用コイルまでの電力系統の損失及びリニア同期モータの効率を合わせた効率という意味です。造語は筆者ですが、その値 80% は阿部（2013）で推定された値を引用しています。

表5 在来型新幹線（東海道新幹線「のぞみ」N700系を想定）とリニア中央新幹線との走行抵抗及び輸送エネルギー性能の比較（阿部2013）

走行条件		空気抵抗 kN	機械抵抗 kN	磁気抵抗 kN	加速・勾配抵抗 kN	全抵抗 kN	電力推進系効率[2] %	所要電力 kW	輸送エネルギー性能 wh/座キロ
在来型新幹線	明かり区間定速 300km/h	78	38	0	*	116	90[3]	10700	27
リニア中央新幹線	トンネル区間定速 300km/h	78	0	77	*	155	80	16200	54
	トンネル区間定速 500km/h	217	0	68	*	285	80	49400	99
	勾配[1] 40/1000, 500km/h	217	0	68	157	442	80	76700	*
	加速[1] 0.1G, 500km/h	217	0	68	392	677	80	117500	*

注1 勾配抵抗、加速抵抗は筆者が加えた。加速及び勾配走行時の磁気抵抗は500km/h定速時と同じ値にした。他の抵抗計算値は阿部（2013）からの引用。
 2 電力推進系効率というのは筆者の造語であるが、効率の値は阿部（2013）からの引用。
 3 この値は「のぞみ」車両の誘導モータの効率。90％は阿部（2013）からの引用。

　所要電力の値を見てください。500km/h定速走行時のリニア中央新幹線は49,400kWであり、在来型新幹線「のぞみ」の4.6倍にもなっています。もっとも同じスピード300km/hでもリニア中央新幹線は在来型の1.6倍であり、リニア中央新幹線の性能は決して良くはありません。しかし500km/hで4.6倍にもなるのは500km/hへスピードアップすることが原因です。高速化は空気抵抗の大幅な増加を招き、所要電力を大きく増大させるのです。リニア中央新幹線は勾配1,000分の40の所でも500km/hで走れるとされていますが、この時の所要電力は76,700kWにもなります。またスピード500km/hを出している時でもなお0.1Gで加速できるとすると117,500kWとなり、大変大きな電力を要することがわかります。

　1列車走らせるための変電所の変圧器容量が20万キロボルトアンペアにもなっていて（表2参照）、筆者は最初この数字を見たとき驚いたと書きましたが、この所要電力を見るとうなずけます。リニア

> **囲み1**
>
> ### 国や JR 東海が説明するリニア中央新幹線の所要電力
>
> 　国は、第 20 回「小委員会」の資料で「時速 500km トンネル内平坦部定速走行で所要動力は 1 列車 35,000kW、東京～名古屋開業時 1 時間に 5 列車運行とすると全列車合計で 23 万 kW になるが、受電変電所からリニアモータによる動力変換までの損失を考慮すると約 27 万 kW になる。同様の計算を 2045 年関西開業時に行うと、ピーク時運行本数は 8 本として、走行時間 67 分ということで、約 74 万 kW という消費電力になる」と説明しています。この説明によれば表 5 に示した電力推進系効率は 23 万／27 万、すなわち約 85% とみていることになります。また JR 東海の行った環境影響評価報告書（JR 東海 2014c）では、東京～大阪間の所要動力について、勾配や加速影響を考慮し 35,000kW を 1.1 倍すると説明しています。
>
> 　これら 2 つの説明を勘定に入れると 35,000×1.1÷0.85＝45,300 となり、表 5 に示した阿部報告の 49,400 と大差ない値になります。
>
> 　阿部報告では走行抵抗や電力系統の効率など、所要電力に関わる技術要因が構造的かつ具体的に分析されており、なぜそれだけ電力が必要なのか、リニア中央新幹線の技術的特徴との関係が説明されています。これに対して国や JR 東海は、具体的説明を一切抜きにして全体の性能値のみを示しているので、リニア中央新幹線の技術的特徴がエネルギー性能にどのように反映されているのか、わかりません。そのため本書では阿部報告を引用しましたが、国や JR 東海が示した所要電力は、阿部報告が推定したリニア中央新幹線の動力性能と大差ないことがわかります。

中央新幹線はすごいパワーを使って急加速し、急勾配ももものともせずに 500km/h で突っ走るということです。

　表 5 の一番右の欄に輸送エネルギー性能が示されており、99wh/座キロとなっています。在来型と比べると 3.7 倍ほどになっており、リニア中央新幹線は同じ輸送量に対して、在来型新幹線の 3.7 倍の電気エネルギーを使うということになります。「小委員会」（第 20 回「小委員会」資料）で説明されたリニア中央新幹線の所要電力については［囲み 1］に示してあります。

　ついでに述べておきますと、表 5 にある輸送エネルギー性能 99wh/座キロは電気エネルギーです。リニア中央新幹線がこれだけの電気を使うためには、発電所から送電線を経てリニア中央新幹線の受電変電所まで届けられねばなりません。この供給過程で使われるエネ

ルギーは、上記輸送エネルギー性能の勘定には入っていません。いまエネルギー使用に関わる問題の1つになっている温室効果ガスの排出などを考える場合は、供給過程のことも考えねばなりません。電気事業連合会の電力統計情報によれば、発電所での発電効率や発電所から受電変電所までの送電損失などを含めた供給過程の効率、いわば需要端効率は、2013年度10電気事業者平均しておよそ38.5%です。これを勘定に入れると、リニア中央新幹線が使う正味輸送エネルギー性能はおよそ930kJ/座キロと算出されます。これは大型旅客機巡航時の性能と同程度のレベルです。

　超電導リニアの輸送エネルギー性能については澤田（2002）においても検討され、営業仕様の列車を想定して、山梨実験線の実験結果に基づいて試算すると、500km/h巡航速度とするシステムの消費電力は90〜100wh/座キロと推定されると述べられています。この報告では残念ながら阿部報告のように走行抵抗など構成要因の具体的な説明がなく、またシステムの境界が明らかではありませんが、受電変電所以降電力推進系統まで含めた全体の性能だとみると、阿部報告の推定とほとんど同じになっています。

カルマン・ガブリエリ線図をみる

　リニア中央新幹線は在来型新幹線の3.7倍もエネルギーを使うと述べました。ただしかし、在来型の300km/hに対して、リニアは500km/hという高速走行です。スピードアップしているのだから、そのことを考えればリニアの性能は悪くないという見方もあります。そこで交通機関全般に視野を広げて、各種交通機関と比べてリニア中央新幹線の輸送エネルギー性能はどの程度なのか、カルマン・ガブリエリ線図（［ノート］参照）によって見てみましょう。

　図5がそのカルマン・ガブリエリ線図です（赤木1995）。縦軸の値

図5 カルマン・ガブリエリ線図

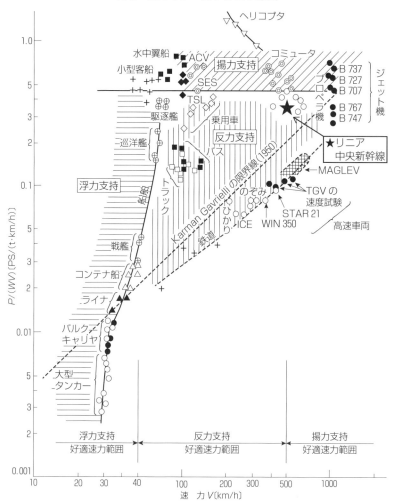

出所:赤木新介(1995)、リニア中央新幹線の★は筆者が加筆した

[P/WV]は、エンジンの定格出力Pを全備重量(満載状態の総重量)及び定格速度Vで割り算した値、横軸は速度です。この[P/WV]という値は、推進性能と抵抗性能を合わせた動力性能を表してい

す。輸送エネルギー性能そのものではありませんが、交通機関技術の核心部ともいえる支持と推進の性能を表しており、横軸はスピードですから、この図をみれば、さまざまな交通機関が、それが出すスピードとの関係で動力性能はどうなのか、一目瞭然でわかります。この線図は各種交通機関のエネルギー性能とスピードとを評価する上で大変有用なのです。

> **ノート**
>
> カルマン・ガブリエリ線図
> 　交通機関技術分野ではよく知られていますが、はじめて提起した論文著者にちなんで Karman·Gabrielli 線図と呼ばれています（Gabrielli & von Karman 1950）。Karman は航空工学の父といわれる学者です。ついでながらカルマン渦も、この渦を調べた学者の業績にちなんでその名が冠せられていますが、同じ方です。カルマン渦は、1995 年高速増殖炉「もんじゅ」が起こしたナトリウム漏れ事故、その事故原因に関わって広く知られることになりました。航空や流体に関心のある人なら誰もが知る名著『飛行の理論』があります。Gabrielli & Karman（1950）で発表された最初の線図は、当然ながら 1950 年当時の交通機関の性能データですが、図 5 は赤木新介さんが自らデータを集めて作成された現代版の線図であり、赤木さんはさらに考察を加えて、図に見られるように支持方法が動力性能に強く影響することも示されています。

　図 5 には実用されているほとんどすべての交通機関のデータが示されています。縦軸の値が小さければ小さいほど、エネルギー性能が良いと見ることができます。図に Karman-Gabrielli の限界線（1950）とあるのは、カルマンとガブリエリが 1950 年に発表した時の各種交通機関のデータをプロットして一番すぐれた性能のものを結んだ線、つまり当時の最良性能限界です。これよりも下に来ていたら、当時の一番良いものよりもさらに性能が良くなっていると評価できます。図を見るとこの線より下に来ているのは、大型のタンカーや貨物船、新幹線などの鉄道、大型旅客機だけです。当時から半世紀が過ぎていますが、動力性能を改善するというのはなかなか大変なことだということがわかります。全体を眺めると、高速化と

ともに動力性能は低下し、エネルギー大量使用になってゆくこと、300km/h 台までの旅客輸送では鉄道が他の交通機関と比べて断然優れていること、などが読み取れます。

　さてリニア中央新幹線の動力性能はこの線図でみればどうなるのでしょうか。表5で速度 V が 500km/h で所要動力 P は 49,400kW（馬力 PS で表すと 67,200ps）でした。全備重量 W は 400 トンとすると縦軸の値は簡単に計算できて約 0.34 になり、図5に記入すると横軸 500km/h のところを上にたどって★印の点になります。ところで図5にある「STAR 21」というのは JR 東日本が製作した高速試験用の新幹線車両で 425km/h（図1参照）を記録しましたが、その列車の性能です。また TGV というのはフランス国鉄の高速列車で、これも試験走行ですが 515km/h を出した時の性能です。STAR 21 も TGV も在来型の車輪・軌道方式の列車です。これらも含めて図中の鉄道の性能を見ますと、在来の車輪・軌道方式鉄道は、低速域から TGV の 515km/h の高速域まで、速度とともに右上がりになってゆくほぼ1本の曲線に乗っていることがわかります。速度 500km/h の所でこの曲線の値とリニア中央新幹線の性能である★印を比較すると、リニア中央新幹線の値はとびぬけて高く、3倍ほどにもなっています。このことは、超電導磁力支持・リニア同期モータ方式の動力性能は、在来型の車輪・軌道方式と比べると3倍ほども動力性能は低下していることを意味します。航空機と比べてリニア中央新幹線の性能はどうでしょうか。図5で比べてみると、500km/h 付近ではプロペラ機と大差なく、また 1,000km/h で運航される長距離大型機とも大差ないことが読み取れます。

　カルマン・ガブリエル線図について少々込み入った説明をしましたが、まとめると、カルマン・ガブリエリ線図から、次の点が読み取れるでしょう。

＊鉄道の最大の"売り"の1つは輸送エネルギー性能が優れていることだが、それを可能にしているのは車輪・軌道方式である。
＊リニア中央新幹線の動力性能は在来型新幹線と比べて大きく低下し、在来型鉄道最大の"売り"であった利点を失う結果になっている。その原因はスピード500km/hを出すために車輪・軌道方式を捨て、超電導磁力支持・リニア同期モータ方式を採用したことにある。

リニア中央新幹線の路線の特徴

ここまでは主にリニア中央新幹線の移動体（交通機関）の特徴についてみてきましたが、磁力浮上・リニア同期モータ推進方式の交通機関を500km/hで走らせるために、路線にも在来鉄道とは異なる特徴があります。主な点を上げると以下の通りです。

東京〜大阪間をできるだけ直線的に結ぶ路線

できるだけ最短で結んで時間短縮を図ること、および曲線部も減速せずに高速走行するために曲率半径をできるだけ大きくとること（最低8000m）などのためです。表2にあるように、路線の長さは438kmで在来東海道線の552.6kmよりも100km以上も短くなっています。それでも東海道線のバイパスという位置づけなので、運賃は営業キロ552.6kmで勘定されるでしょう。

全線がトンネルなどの地下構造及び高架構造、特にトンネル部分が多い

トンネル部には5〜10km置きに非常口を兼ねた換気用立坑開口部が設けられます。東京など都市部では大深度法などを適用し、停車場とともに地下深くに建設する計画です。

全線にガイドウェイを設け、浮上・案内用コイル及び推進用同期モータ1次側コイル設置

ガイドウェイ及びコイルは高い設置精度が必要なので、建設およ

び維持管理コストがかかると思います。

リニア中央新幹線の輸送コスト、在来型新幹線の3倍〜4倍⁉

　リニア中央新幹線の技術的特徴についてみてきました。500km/hを出すために、在来鉄道が持つ優れた支持・推進方法である車輪・軌道方式をやめ、超電導磁力支持・地上1次側リニア同期モータ推進方式を導入するとともに、路線はトンネルなど地下構造の多い直線的ルートを採用し、車両は軽合金材料を用いて軽量化を図るなど、さまざまな工夫が施されています。しかし、輸送エネルギー性能は、東海道新幹線と比べて3.7倍ほども悪化すると推測されます。

　輸送コストに"適切な"利潤を加えたのが運賃ですから、運賃は事実上輸送コストによって決まってきます。リニア中央新幹線の輸送コストは、どれほどになるなのでしょうか。赤木（1995）によれば、輸送業者が旅客を輸送するのに要する直接輸送コストは主に4つの項目、資本費、維持費、人件費、動力費からなります。資本費は路線、停車場、車両など輸送設備の当初整備にかかる経費で、表2の建設費がこれに相当します。維持費は輸送設備の保守管理費用です。

　動力費は、電車なら使用電力量の電気代であり、使用電力量は、旅客輸送量人キロに輸送エネルギー性能を乗じて算出できますから、輸送エネルギー性能の差が、そのまま動力費の差になると考えてよいでしょう。鉄道輸送の場合、輸送コストに占める動力費の割合はそれほど大きくありませんが、動力費は資本費など他のコスト項目に大きく影響します。動力費が高い、つまり輸送エネルギー性能が悪いということは、それだけ大きな動力設備が必要になり、それに伴って車両や路線の構造も工夫を要することになって資本費の増加を招き、さらにそれが維持費の増加にもつながって、人件費にも関

表6 在来型新幹線と中央新幹線の工事費の比較

新幹線路線名称	在来型新幹線				リニア中央
	北 陸	東 北	九 州	在来中央	
路線区間と長さ km	高崎－長野 117.4km	盛岡－八戸 96.6km	新八代－西鹿児島 126.8km	南アルプスルート 東京都－大阪市 438km	
工事費 億円 (キロ単価、億円/km) 土木	7,300 (62)	3,900 (40)	5,400 (43)	56,100 (142)	58,400 (148)
電気	800 (7)	600 (6)	700 (6)	7,800 (20)	24,600 (62)
合計	8,100 (69)	4,500 (47)	6,100 (48)	63,900 (162)	83,000 (210)

＊在来中央の単価が高いのは大都市部工事、山岳トンネル工事などのため
＊リニア中央単価が高いのは、500km/h 走行のため在来型に比べトンネル断面積が広いこと、地上コイルや電力変換器などリニア特有の地上設備必要などのため
資料：鉄道・運輸機構（2010）から抽出

わってくるからです。

　リニア中央新幹線の建設費、9兆300億円とは莫大ですが、在来型新幹線と比べてどれほど高いのでしょうか。表2にあるように工事費8兆3000億円、車両費7300億円（第1回「小委員会」資料）とあります。工事費は路線及び受電・電力変換設備や車両基地など付帯設備の建設費と見られます。第11回「小委員会」に提出された鉄道・運輸機構（2010）には、リニア中央新幹線の工事費を在来型新幹線と比較した表が示されています。その主な内容を引用しますと表6のようです。一見してリニア中央新幹線の工事費は在来型新幹線と比べて大変大きいことがわかります。表の下部にはそのように大きくなる主な理由についても付記されていますが、500km/hという高速にしたこと、そのために超電導リニア方式を採用したことが主な要因であると読み取れます。キロ単価で比較すると、リニア中央新幹線は、電気関係では在来型の約10倍、全体では在来型3路線の3〜4.5倍、平均4倍にもなっています。JR東海（2014a））には

東京〜名古屋間工事費はキロ単価140.6 億円との記述がありますが、山梨実験線を除けば 165 億円となります。表6の210億円よりは低いですが、それでも表6の在来型3線と比べると平均約3倍です。

　国交省（2002）によると在来型車両費は1両2〜3億円、1列車（16両編成）で約40億円とあります。リニア中央新幹線の車両費は表2にあるように7300億円とされていますが、車両単価はわかりません。仮に1000両程度整備するとみると1両7〜8億円、1列車（16両編成）120億円程度、在来型のざっと3倍という勘定になります。

　これら数字をみるとリニア中央新幹線の工事費と車両費、つまり資本費は在来型新幹線のざっと3〜4倍程度とみられ、これに輸送エネルギー性能が約3.7倍であることを考え合わせると、リニア中央新幹線の輸送コストは、在来型新幹線と比べて、ざっと3〜4倍ぐらいかかると推定されます。

　以上第2章では、在来型新幹線と比較しながら、営業速度500km/hを目指すリニア中央新幹線の技術的特徴、路線構造の特徴などについて概観してきました。最大の特徴は列車の支持・推進方法で、在来鉄道の車輪・軌道方式を捨て、超電導磁力支持・地上1次側リニア同期モータ推進方式を採用した点にあります。このため500km/hという高速化と相まって、輸送エネルギー性能は在来鉄道に比べて大きく低下し、関連して輸送コストは在来型新幹線の3〜4倍ほどになると推定されます。

3　500km/hと旅客需要予測—高速化の経済—

　500km/hにスピードアップするために、新技術を導入し、大量の電気を使い、輸送コストは3倍になるとも推測されるリニア中央新幹線、その建設には巨額の費用を要し、巨大な山岳・地下などの難工事に取り組まねばならないのですが、そうまでして500km/hという高速化がなぜ必要なのでしょうか。国やJR東海は、500km/hというスピードにどんな価値を置いているのでしょうか。前章ではリニア中央新幹線の技術的側面、高速化の技術について述べましたが、この章ではその経済的側面、高速化の経済について考えてみたいと思います。

旅客の移動コストと機会損失モデル

　特急や新幹線を利用する場合、旅客には普通運賃に加えて特急料金が課されます（新大阪〜東京では「のぞみ」で運賃8,750円、指定席特急料金5,700円、2015年9月現在）。これは、高速化すると一般に輸送コストがかかり、輸送業者は輸送コスト増加分を特急料金として徴収する必要が出てくることにもよりますが、それだけでなく高速性自体の価値評価も含まれているからです。一方、旅客も特急料金が課されることを不当とは思わないで、速さ（移動時間短縮）への代価を支払うことを受け入れているように思えます。旅客はなぜスピードに価値を認めるのでしょうか。

　2章で述べた輸送コストは輸送業者（運ぶ側、移動サービスを提供する側）からみた旅客を輸送するために必要なコストでしたが、今度は旅客（運ばれる側、移動サービスを受ける側）からみた移動コス

ト（運ぶ側の輸送コストと区別するためにこう呼ぶことにする）について考えてみましょう。なお、煩わしいので以下では普通運賃と特急料金をまとめて運賃と呼ぶことにします。

旅客（運ばれる側）の移動コスト

旅客は運賃を払って乗るのですが、払っているのは運賃だけではありません。大阪から東京に行こうとすると、新幹線なら2時間半、たとえ高速のリニア中央新幹線を利用するにしても67分は列車に乗っていないと東京に着けません。つまり旅客は運賃だけでなく、時間も使わなければならないのです。

この関係を式で表すと式(1)のようになりますが、金額（円）と時間では足し算ができないので、移動時間を金額で表すために、旅客の「時間価値」（［ノート］参照）を導入して、移動時間を金額表示に換算しますと、式(1)は式(2)のようになり、移動コストを費用尺度で表すことができます。また移動時間は距離を速度で割り算したら求まりますから、式(3)のように書けます。式(2)は費用尺度で表した関係ですが、式(2)の両辺を［時間価値］で割り算し、式(3)を利用すれば式(4)のようになります。式(2)は旅客の移動コストを費用尺度で表した関係ですが、式(4)は時間尺度で表した関係です。

　　［移動コスト］＝［運賃］＋［移動時間］　　　　　　　(1)
　　［移動コスト］＝［運賃］＋［移動時間］×［時間価値］　(2)
　　［移動時間］＝［移動距離］÷［移動速度］　　　　　　　(3)
　　［総移動時間］＝（［運賃］÷［時間価値］）＋［移動時間］　(4)

［時間価値］を時間当たり所得で表すとすると、右辺の（［運賃］÷［時間価値］）は運賃を稼ぐために働かねばならない時間と考えることができるでしょう。移動のためには移動時間だけでなく、運賃を稼ぐための仕事時間もかかっているのだ、ということを式(4)は表し

ています。時間価値が高い旅客ほど運賃の比重は小さくなりますから、移動時間短縮すなわちスピード志向が強くなると言えます。ありていに言えば金持ち（この頃は富裕層というのですが）ほど高速の交通機関への要求が強いというわけです。

> **ノート**
>
> 時間価値について
> 　時間価値は、交通輸送の経済を考える上での用語で、旅客（人間）の価値を金額表示しようなどという大げさな概念ではありません。旅客は移動時間を短くするため、速い交通機関があればそれを利用したいが、一般に高速の交通機関ほど運賃が高い。1時間短縮するのにいくらぐらいなら余分に運賃を払ってもよいか、旅客の値踏みを意味しています。仕事、遊び、所得水準など旅客側の事情で時間価値は異なり、旅客によって移動コストは異なってくるでしょう。仕事のための移動を考える場合には普通時間当たり所得で表されることが多いです。

機会損失モデル

旅客は、大抵は何か目的地へ行かないと達成できないような目的があって、そのために移動するわけで、移動は目的達成のための準備行動に過ぎません。できるだけ移動コスト（総移動時間）は小さい方が望ましい。それで旅客は移動コストあるいは総移動時間を判断基準にして、

・旅客は移動コストの大小で交通機関を選択する

・移動コストが小さい移動手段ほど優れている

とする考え方、この考え方は交通輸送分野では一般に犠牲量モデルと呼ばれていますが、筆者は以前から機会損失モデルと呼んできましたので、本書でもこの呼び方を使います。

　機会損失モデルの見方に立てば、旅客は移動コストの小さい交通機関を望むし、時間価値の大きい旅客は少々運賃が高くても、移動時間の短縮効果が大きくなりますから高速の交通機関の方が移動コ

ストは少なくなります。それだけスピードに価値ありということになります。輸送業者は移動コストの小さい輸送サービスを提供すれば旅客需要を獲得できます。このような事情が動機となって、より高速の交通機関の研究開発が進められることになるのです。本書の冒頭で、スピードは交通機関で最も重視される性能の1つで、不断にスピードアップの研究開発が行われてきたと書きましたが、機会損失モデルによればそうなる事情がよくわかります。

機会損失モデルの適用

機会損失モデルは交通輸送分野でさまざまに利用されます。

<u>交通輸送施設建設計画</u>…鉄道や道路、空港などを建設して移動時間が短縮できるとすると、[輸送量]×[利用者の時間価値]×[<u>短縮時間</u>]だけ移動コストが減りますから、新設道路がそれだけの便益を生み出すとみなします。これを他の便益などとともに建設費などの費用と比較して、計画の妥当性を評価するのです。リニア中央新幹線計画でも、移動コスト低減効果を便益と見て、費用便益分析を行い、計画の妥当性を評価しています。

<u>交通需要予測</u>…地域間たとえば東京〜大阪間に、移動コストの小さい輸送手段ができますと、行き来が便利になったということで輸送需要が増える、どれだけ需要が増えるかを予測する、あるいは利用できる輸送手段が複数たとえば鉄道、航空、自動車などがある時、それぞれの輸送手段の輸送需要はどうなるか、その分担量を予測する、などにも機会損失モデルが利用されます。リニア中央新幹線計画でも、リニア中央新幹線が導入されたら輸送需要はどうなるか、あるいは在来型新幹線、リニア中央新幹線、航空などの分担量がどうなるかなどが、移動コスト重視で予測されています。

ここまで、旅客（運ばれる側）の移動コストについて述べました。

まとめると、旅客は運賃だけでなく移動時間も使っており、その全体を移動コストとすると式(2)、あるいは式(4)のように表されます。旅客は、移動コストの大小で輸送手段を評価します。ここに、輸送手段は運賃だけでなく、そのスピードが重視される理由があります。このような移動コストに基づいて輸送手段や交通機関を評価する考え方に機会損失モデルがあります。

以上を前置きにして、以下リニア中央新幹線500km/hの経済についてみてみましょう。

> ノート
> 「小委員会」の需要予測（第9回「小委員会」資料）では、機会損失モデルや移動コストという用語ではなく、交通機関選択モデルという言葉が使われています。それは「ゾーン間分布交通量が鉄道・自動車・バス・航空のうちのどの交通機関に分担されるかを、①ゾーン間の交通機関ごとのサービスレベル（時間・費用など）や②交通機関の利便性評価値から予測」することと説明されています。②の具体的内容は説明されていませんが、予測結果に及ぼす影響は小さく、主な影響を持つのは①でしょう。①は、ここで説明した移動コストのことと基本的に同じです。また費用便益分析では、利用者便益を「利用者の所要時間短縮などの利便性向上を貨幣換算」で考慮するとしており、移動コスト重視で計画の評価が行われています。

中央新幹線の整備形態と輸送需要予測

民間企業であるJR東海としては、リニア中央新幹線を走らせてどれぐらい運賃収入が期待できるのか、つまりは採算がとれるかどうかが問題です。国としては、国のプロジェクトとして進めるだけの便益が期待できるかどうかが重要です。運賃収入にしても便益にしてもどれだけ期待できるのか、その算定の一番基になるのは旅客の輸送需要です。JR東海や国はどれぐらいの旅客がリニア中央新幹線を利用すると期待しているのか。その予測値を見てみると、輸送量人キロの値は表7、利用人数は表8のようになります。表の数値は、

表7　中央新幹線の整備形態と輸送需要量予測

		「小委員会」の予測 予測条件；経済成長率1%、人口変化考慮（第9回会議資料）				JR東海の予測
		中央新幹線の整備形態	輸送需要量　億人キロ／年			合　計
			東海道	中　央	合　計	
2005年 現　状		東海道新幹線 （内三大駅間直行需要（注））	442 (232)	*	442 (232)	431 〈最近5年の平均〉
2045年 東京－大阪 開業時	①	中央新幹線整備せず 東海道新幹線だけの場合	496	*	496	*
	②	在来型新幹線を整備した場合	361	215	576	*
	③	超電導リニアを整備した場合 （内三大駅間直行需要（注））	254 (85)	408 (355)	661 (440)	529 〈合計〉 (396) 〈中央新幹線需要〉

（注）この需要は、筆者が、表8の3大駅（東京、名古屋、大阪）乗降区間別利用人数にそれぞれの営業キロを乗じた数値を合算して求めた

表8　中央新幹線の整備形態と需要予測（利用人数）　（単位：万人）

			新幹線	乗降区間別利用旅客人数				
				東京 大阪	東京 名古屋	名古屋 大阪	その他	合　計
2005年実績（現状）			東　海　道	2500	2000	1100	7800	13400
2045年 （東京～大阪） 開業時	「小委員会」 の予測（注）	①中央整備せず 東海道のみ	東　海　道	2800	2400	1300	8500	15000
		③リニア中央整備	東　海　道	700	1000	500	7400	9600
			リニア中央	4500	2000	1800	2200	10500
	JR東海の予測（注）		リニア中央	5187	2363	1215	*	*

（注）「小委員会」予測は第9回委員会資料、JR東海の予測はJR東海（2010）から引用した

東京～大阪全線開業となる2045年時点の予測値です。表のような数字が得られた予測方法や予測条件の概略は第9回「小委員会」資料に示されています。筆者なりにかいつまんだ要点を［囲み2］に示しておきます。

JR東海の需要予測

表7から次のことが読み取れるでしょう。

囲み2

JR 東海および国の旅客需要予測の予測方法、予測条件の要点

〈JR 東海の予測方法、予測条件〉

＊旅客は移動時間（つまりはスピード）の大小で移動手段を選択する

＊運賃…東海道新幹線「のぞみ」の運賃プラス 1000 円（東京～大阪）、700 円（東京～名古屋）、400 円（名古屋～大阪）

＊移動時間…リニア中央新幹線 67 分、東海道新幹線 145 分（東京～大阪）

＊リニア中央新幹線の輸送需要の発生源は主につぎの 3 つ
 ・東海道新幹線からの転換需要（東京・名古屋・大阪間直行旅客はすべてリニア中央新幹線へ転換する）
 ・航空需要からの転換（博多～東京間の航空需要と新幹線需要の需要分担率の実績データを基に、リニア中央新幹線開通で移動時間が短縮することによって増加する新幹線の輸送分担率を推定すると表 9 のようであるとし、航空から転換してくるリニア中央新幹線の輸送需要を予測）
 ・誘発輸送需要（リニア中央新幹線導入による移動時間短縮効果で増えると期待される輸送需要）

〈国の予測方法、予測条件と代替案の比較〉

＊複数の代替案について需要予測、費用効果分析を行い、費用便益比で代替案を比較

＊複数の移動手段がある場合、それぞれの分担需要は、移動コストを重視した交通機関分担モデルで予測する

＊まず、2045 年時点の東京大阪間の総輸送需要を予測する
 主な予測条件…
 ・人口は「日本の都道府県別将来推計人口」（H19.5）、「日本の将来推計人口」（出生中位、死亡中位）（H18.12）（国立社会保障・人口問題研究所）に基づき設定
  全国人口は 2005 年 1.28 億人から 2045 年は 1 億人に減少
 ・GDP 成長率は 0、1、2％ の 3 ケース（表 7 は 2045 年まで年率 1％ とした場合の予測値）
 ・誘発効果（リニア中央新幹線など新しい移動手段の導入で輸送需要が増える効果）

＊つぎに、総輸送需要のうちリニア中央新幹線が分担する輸送需要を予測する
 主な予測条件…
 ・競合する交通機関はリニア中央新幹線、東海道新幹線、航空、高速バス、乗用車（高速道路通行料金を勘定に入れる）。交通機関選択モデル（筆者注；基本的には機会損失モデルと同じと思われる）を用いてそれぞれの分担需要を予測
 ・リニア中央新幹線の運賃（東京大阪間で東海道新幹線「のぞみ」プラス 900 円）
  移動時間はリニア中央新幹線 67 分、在来型中央新幹線 120 分、東海道新幹線 148 分

＊JR 東海の予測（表7の最右列）では、三大都市間直行需要が、396億人キロ（以下では単位省略）と現状の倍近くに増え、そしてそのすべてはリニア中央新幹線の輸送需要としており、注目されます。これは主には東海道新幹線の三大都市間直行旅客がすべてリニア新幹線へ移ってくると見積もっていること、および航空利用からリニア中央新幹線利用へ転換してくる旅客が、表9に示されるように、少なくないと見積もっていることによります。表9でたとえば東京大阪間の航空需要はすべてリニア中央新幹線へ移る、その他東海道・山陽新幹線の沿線県でも表のように航空から新幹線に転換してくると予測しています。

＊JR 東海の予測でもう1つ注目されるのは東海道新幹線とリニア中央新幹線合わせた輸送需要が529となっていることです。この内396はリニア中央新幹線の三大都市間直行需要ですから、残りは133、これが東海道新幹線及びリニア中央新幹線中間駅の輸送需要という勘定になります。これは、東海道新幹線の輸送需要は激減する、リニア中間駅需要もわずかに過ぎないと予測していることを意味します。

これらの数値をみますと、JR 東海は、リニア中央新幹線はその

表9　リニア中央新幹線導入で航空からリニアへの転換需要
　　　JR 東海による新幹線分担率の増加予測

	新幹線の到達時間		新幹線のシェア	
	現　行	開業後	H20 年度	開業後
東　京　圏 ⇔ 大　阪　圏	145 分	67 分	82 %	100 % 程度
岡　山　県	192 分	126 分	67 %	85 % 〃
広　島　県	228 分	162 分	58 %	75 % 〃
山　口　県	261 分	194 分	48 %	65 % 〃
福　岡　県	291 分	230 分	10 %	20 % 〃
名古屋圏 ⇔ 福　岡　県	198 分	187 分	49 %	50 % 〃

出所：JR 東海（2010）

500km/hという高速性にものを言わせて専ら三大都市間直行輸送の役割を担い、東海道新幹線は"ローカル"新幹線という役割を担うことになる、と想定していると読み取れます。だからでしょうか、JR東海はリニア中央新幹線の中間駅の輸送サービスについてはあまり論じておらず、駅の数はできるだけ少なくしたい、費用もかけたくないという印象で、当初は途中駅の建設費は地元負担といっていました。さすがにそうはならず、中間駅もJR東海が建設するようですが、JR東海（2013）によれば、「…営業専任要員は配置しない等、運用面も含めて大胆に効率性機能性を徹底して追及したコンパクトな駅を目指し、建設費ばかりでなく開業後の運営費についても圧縮する」などとし、簡素一点張りのような駅舎のイメージを提示しています。

「小委員会」（国交省）の需要予測

国交省は表7に見るように3つのケース、①は中央新幹線をつくらないで、東海道新幹線だけのままの場合、②中央新幹線を今の東海道新幹線と同じ在来型で整備する場合、③超電導リニアを導入する場合について需要予測を行っています。

＊<u>ケース①</u>　現状の東海道新幹線だけのままですと、2045年の輸送需要は、現状2005年の442から496へ少し増えるとなっています。人口が減るのに輸送需要が増えるのは経済成長率を1％と見ているからで、40年先ですとGDPは1.5倍ぐらいに増える勘定になります。過去のデータを見るとGDPが増えると輸送需要も増えるという関係があり、その関係を適用すればこのような予測になるのだと思います。

　もっとも40年間で10％程度の増加ですから、当分は東海道新幹線だけでも、十分輸送サービスを提供できる、天文学的な数字

の借金をかかえて公共事業予算の抑制を迫られている国から見れば、巨額を要する中央新幹線の建設は急ぐ必要がないといえるのではないか、と筆者には思われます。しかし民間企業であるJR東海の眼からみれば、東海道新幹線1本の状態を続けるというのは、東海道新幹線営業が事業活動の大部分を占めているJR東海の実態を考えれば、企業経営上好ましくないと映るかもしれません。

> **ノート**
> JR東海が置かれている状況をもう少し立ち入って推量すれば、
> ・事業のほとんどを東海道新幹線1本に依存している
> ・その東海道新幹線は老朽化し、大きな費用かけて補修・耐震補強工事を進めねばならない
> ・南海トラフの巨大地震が予測され、大きな被害を受ける恐れ
> ・新幹線網が整備され、航空も含めて競合する移動手段が増加してきている
> ・中央新幹線が整備され、それが他社営業となれば、さらに強い競合相手となる
> このような事情が、JR東海をして、超電導リニアの研究開発に主体的にコミットし、リニア中央新幹線計画を主導して同社の事業に取り込む、とする経営戦略をとらしめたということでしょうか。

＊ケース② このケースは在来型新幹線で二重系にすることを意味します。中央新幹線沿線は便利になることもあり輸送需要は442から576へ増加すると予測されていますが、これを東海道と中央で分担するわけで、両線とも十分余裕をもって輸送サービスを提供できるような予測になっています。在来型の導入なら技術面、経済面、安全面などで十分な実績があります。2章でみたように、JR東海も国も、二重系化して三大都市間幹線輸送の充実と安定化を第一の目的に挙げていますから、ケース②は悪くない案に見えます。ところが費用便益分析では便益対費用の比がケース③の超電導リニア導入よりも小さいという結果になっており、ケース③より劣るという評価がなされています。ケース③の方が高くなる

のは、以下で述べるように、在来型でなくリニア新幹線を導入すると輸送需要、とりわけ三大都市間直行需要が大きく増えるからです。これは、超電導リニアを推進しようとしている JR 東海にとっては好都合な評価結果です。

* ケース③　超電導リニアを導入すると輸送需要は大きく様変わりする予測になっています。総需要も 661 と 1.5 倍にも増えますが、とくに注目されるのは三大都市間直行需要が倍増し、その大部分はリニア中央新幹線の需要であること、及び東海道新幹線の需要が大きく減ってほぼ半減、とくに三大都市間直行需要は 3 分の 1 にまで落ちるという予測になっていることです。このような結果になるのは、東海道新幹線利用旅客の多くがリニア中央新幹線へ移ること、航空やバスなど競合移動手段の利用者がリニア中央新幹線へ移ること、及び誘発需要などのためであると説明されています。

国によるケース③の結果は、そっくりといっていいほど、JR 東海の予測に似ています。総需要は 661 と 529 で、かなり JR 東海予測は小さくて開きがありますが、国は GDP 成長率 1％ としていますが、JR 東海はそのような影響は考慮していないことによるものでしょう。

表に示した国の輸送需要予測、それに基づく費用便益分析は、中央新幹線建設が国家プロジェクトとして進めるだけの公益性があるかどうか、そして在来型にするか超電導リニアにするか、どのルートにするか、を判断するために行われたのですが、国の需要予測および費用便益分析の結果は、JR 東海の望んでいる超電導リニアが最適というお墨付きを与えたことになっています。

もっとも国のケース③と JR 東海の予測がおよそ同じになるのはある意味当然と言えます。なぜなら両者とも

　・旅客は移動コストが小さい移動手段を選択する

・リニア中央新幹線の移動時間は 67 分、運賃は東海道新幹線「のぞみ」（予測当時は 14050 円）プラス 1000 円（国は 900 円）の設定

としており、予測条件の核心部分がほとんど同じだからです。運賃は東海道新幹線と大差なく設定され、移動時間は 500km/h の超電導リニアで大幅に短縮されるわけで、この条件では移動コストには移動時間の差が決定的な影響を及ぼすからです。

以上のように JR 東海は、建設費を自己負担しても採算は取れるとし、「小委員会」は、国のプロジェクトとしても公益性があるとしています。「小委員会」答申は「超電導リニア方式の方が在来型新幹線方式に比べ費用が高くなるものの、時間短縮等による便益がより大きくなり、費用対効果の観点からは相対的に有利な選択肢となっている」と述べています。

しかし、超高速のリニア中央新幹線、その輸送コストは在来型と比べて大きく増えるのに、いったいなぜ"わずか"プラス 1000 円の運賃で採算がとれるのでしょうか、筆者には不思議に思えます。

JR 東海、国の予測方法、予測条件に内包される問題点

表 7、表 8 の輸送需要予測について見てきましたが、実のところ、表の数値はほとんど当てにならないと思います。なにしろ 40 年も先の予測ですから、たとえば GDP 成長率の想定 1 つで数値は大きく変わります。また JR 東海の場合、航空からの転換需要は、実績データと移動時間短縮効果とで転換需要を見積っていますが、この背景には、航空運賃と新幹線運賃との関係が 40 年先まで現状と同じという見えない前提条件があります。この前提条件が成り立つかどうか極めて不確かです。運賃状況が変われば移動コストも変わります。費用便益分析は、リニア中央新幹線が開業してからの営業時の費用

と便益を勘定するわけで、国は供用期間を50年と置いて、ということは40年先から90年先までの50年間の便益と費用を推定して費用便益比を求めるのですから、分析結果は**表7**、**表8**の輸送需要以上にあやふやなものです。

といった次第で、表の数値については定量的な確からしさを云々するのはほとんど意味がありません。この表が意味する重要な点は絶対量ではなく、リニアを導入する場合と導入しない場合、あるいはリニアと在来型、リニアと航空などの相対関係です。それらを比較して予測量の大きい方が優れているということになるからです。

この意味で筆者が指摘したい問題点は、1つは、運賃条件です。リニアの運賃を在来型と大差ない、プラス1000円という大きさに設定し、そしてそれを何十年も先まで据え置いて予測していること、2つは、こちらの方がより根本的な問題点ですが、移動コストが小さい移動手段ほど望ましいという移動コスト重視の評価方法を、現在はもとより何十年も先まで適用していること、この2点です。

このような条件を適用する限り、運賃関係は大差ない状態で固定されていますから移動コストはほとんど移動時間で決まってくることになり、移動時間が短い、高速の移動手段が導入されれば輸送需要は増える、あるいは競合している場合速い方が選択されて輸送需要が多くなる、需要の絶対量が人口やGDPなどでいろいろ変化しても、そのような相対関係は動かないでしょう。要するに、このような予測条件、予測方法では、より高速の移動手段を導入するほど望ましいという評価になるだろうということです。

ここまで見てきて、筆者には2つの疑問が湧いています。1つは、わずかプラス1000円の運賃でなぜ採算が合うのか、2つは、移動コスト重視の考え方、つまりは機会損失モデルと同じような考え方を適用して輸送需要予測や便益評価を行っているのですが、このよ

うな考え方に限界はないのか、という疑問です。いま述べたように、機会損失モデルの考え方では、運賃との兼合いもありますが、移動時間が短いほど良いということになり、際限なくスピードアップが追求されてゆくことになり、エネルギー使用は増え、そのことはひいては環境問題、安全問題の悪化につながってゆきます。

　以下では、これら2つの疑問について考えてみたいと思いますが、この章では1つめの運賃について述べ、2つめの機会損失モデルについては章を改めて述べることにします。

運賃わずか1000円アップでなぜ採算が取れるのか

　2章で、リニア中央新幹線の輸送コストは在来型新幹線の3倍ぐらいになるのではと推測しました。運賃は、輸送コストに適切な利潤をつけて設定されるはずですから、1000円程度の値上げで、なぜ採算がとれるのでしょうか。

　JR東海の現在の経営状況がどうなっているのか見てみましょう。表10はJR各社のホームページに掲載されている単体決算、鉄道輸

表10　JR各社事業収益状況と新幹線営業の影響

会社名	営業収益に対する営業費の比率(注)(％)	鉄道運輸収益に占める新幹線収益の比率(％)	輸送量（人キロ）に占める新幹線の比率(％)	人キロ当り運輸収入 (円／人キロ)	
				新幹線	全線平均
北 海 道	146.4	＊	＊	＊	＊
東 日 本	83.3	28.7	15.3	24.4	13.0
東 　 海	67.7	91.5	83.8	22.8	20.9
西 日 本	90.0	45.5	30.4	20.8	13.9
四 　 国	138.7	＊	＊	＊	＊
九 　 州	100.2	＊	＊	＊	＊

（注）100以上なら赤字、100以下なら黒字で、小さいほど収益性が高いと見られる
資料：JR各社ホームページの資料からデータ抽出して筆者が計算した

送量のデータを利用して筆者が計算して作成したものです。表の数値は、JR 各社最近の 2009～14 年度間のデータを平均した値です。この表によって JR 各社の鉄道事業の収支状況と新幹線営業の影響を見てみましょう。表の最初の列は営業収益に対する営業経費の比率で、これが 100％ より上だと事業収益は赤字、100％ より小さいと黒字で小さくなるほど収益性が高いといえるでしょう。この値とその右列の新幹線の収益や輸送量に占める比率を見比べれば、新幹線の収益性がいかに高いか一見して読み取れるでしょう。新幹線のない JR 北海道や四国は大きな赤字、対して JR 東日本や西日本は黒字、中でも JR 東海は断トツに収益性が高いのがわかります。支収比 67.7％ というのは売り上げの 3 割は収益という勘定になります。JR 東海では、全鉄道収入の 91.5％、輸送量の 83.8％ は東海道新幹線が占めています。その JR 東海の収益性が非常に高いということは、現在の新幹線の運賃がそのような大きな収益をもたらす設定になっているということを意味します。

こうみると、もともと高く設定されている新幹線運賃に上乗せしてのリニア運賃ですからプラス 1000 円でも、東海道と中央、両新幹線を一つの会社で一元経営すれば、全体としての経営が成り立つ、ということなのではないでしょうか。

表 10 からプラス 1000 円で採算の見通しが立つといえる事情を見ましたが、この表から、JR 東海についてもう 1 つ指摘されることがあります。

(2009～2014 年度)

営業費 (円／人キロ) 全線平均	(人件費＋物件費) (円／人キロ) 全線平均	運営している 新 幹 線 路線名称
＊	＊	なし
12.3	8.8	東北上越 及び北陸
15.0	10.0	東海道
14.2	10.7	山陽
＊	＊	なし
＊	＊	九州

> **ノート**
> 表9の支収比や人キロ当りの収入と営業費の差から見て東海道新幹線の運賃（新幹線特急料金）は高すぎるのではないか、輸送コストと"適切な"利潤についてきちんと評価した設定が行われているのだろうか、という疑問が湧いてきます（[囲み3] 参照）。東海道とリニア、それぞれの輸送コストに基づいた客観性のある運賃設定を行えば、両者の運賃差はもっと大きくなり、輸送需要の予測も変わってくるのではないかと思われます。

それは、鉄道事業収入の9割を東海道新幹線1本に依存するJR東海は、経営的には東海道新幹線鉄道会社といって過言でない状況にあるということです。そのようなJR東海の視点に立てば、東海道新幹線にかかるリスクは即JR東海の企業リスクにつながるわけで、三大都市圏交通輸送動脈の二重系化は、JR東海という企業のリスク回避、さらには存続・成長を目指すための計画でもあるといえるでしょう。そのためには中央新幹線は十分な輸送需要が必要で、そうするには競合する東海道新幹線や自動車、とりわけ航空の輸送需要を取り込んで東京～大阪三大都市間直行輸送需要をリニア中央新幹線に集まるようにしなければなりません。だからこそ中央新幹線は在来型では駄目で、航空と対抗できる500km/hの超電導リニアでなければならず、運賃はプラス1000円でなければならず、これを可能にするために自費建設して経営の自由を確保し、東海道とリニアの一元経営を図る、というのが、JR東海から見たリニア中央新幹線計画の目指す方向ではないか、と読めてきます。

「小委員会」答申（2011）には「中央新幹線の整備は、我が国の三大都市圏間の大動脈輸送を担う東海道新幹線を代替・補完するとともに、速達性を飛躍的に向上させることを目的とする事業であり、財務的な観点からも、民間企業が中央新幹線の建設及び運営を自己負担で行うとすれば、収益力の高い東海道新幹線と一体的に経営を行うことによって可能となる事業である」と、あからさまに述べら

囲み3

新幹線運賃・料金設定の法的仕組み

運賃等の設定の最も基本となる法律は鉄道事業法 16 条で下のようになっています。鉄道事業者は原価や利潤に関する資料をつけて申請し、国交大臣は、運輸審議会に諮問し、その審査を経て認可します。原価の算定法、利潤率の設定などは、ルールなどで決められています。設定の仕方は基本的には電気料金などと同様総括原価方式です。

鉄道事業法（旅客の運賃及び料金）

第十六条　鉄道運送事業者は、旅客の運賃及び国土交通省令で定める旅客の料金（以下「旅客運賃等」という。）の上限を定め、国土交通大臣の認可を受けなければならない。これを変更しようとするときも、同様とする。

2　国土交通大臣は、前項の認可をしようとするときは、能率的な経営の下における適正な原価に適正な利潤を加えたものを超えないものであるかどうかを審査して、これをしなければならない。

3　鉄道運送事業者は、第一項の認可を受けた旅客運賃等の上限の範囲内で旅客運賃等を定め、あらかじめ、その旨を国土交通大臣に届け出なければならない。これを変更しようとするときも、同様とする。（以下略、下線は筆者）

条文にあるように上限の認可だけであり、実際の運賃等を上限以下に設定していれば届出だけでよいことになっています。運賃に関しては、毎年輸送コストに関係するデータなどがある程度国交省から公表されます。ただ在来線と新幹線をまとめたデータなので、新幹線でどうなっているのかはわかりません。

東海道新幹線に関して言えば、運賃は東海道線のバイパスということで、実際の線路長さ（実キロ）は在来線より短いのですが、営業キロという概念を使って在来線と同額にしています。リニア中央新幹線は東海道新幹線のバイパスという扱いで、運賃は同じ営業キロ扱いになるのだと思います。

特急料金ですが、東海道新幹線の特急料金は民営化時点の料金のままで、それ以後消費税によるもの以外は値上げされていません。認可制になったのは民営化された後からであり、そのため東海道新幹線の特急料金は認可の審査は一度も受けていません。国交省によれば、現行制度では、一度認可された料金がその後、妥当性が維持されているかどうか、チェックする仕組みはないとのことです。ですので、現行の東海道新幹線特急料金は一度もチェックや関連資料の公開などが行われないまま今日に至っています。

鉄道の運賃等は優れて公共性が高いですから、旅客（消費者）側の意見も反映させ、納得のいく設定プロセス、透明性が必要です。内閣府消費者委員会は 2012 年 2 月 28 日、経産省や国交省に公共料金問題について建議を行い (http://www.cao.go.jp/consumer/iinkaikouhyou/2012/0228_kengi.html)、鉄道運賃等について、「運賃等改定時のデータと対比できるデータが改定後定期的に示されていなければ、現在の運賃等の内容が妥当であるかどうか判断できない」などを指摘し、『鉄軌道の情報提供ガイドライン』を改正して消費者に適切な情報提供を行うこと、運輸審議会に消費者側の委員を含めることなどを求めています。

れています。

　JR東海は、工事日程は経営判断で進める、民間企業として、経営の自由、投資の自主性の確保の貫徹が大原則、国は中央新幹線の実現を阻害するような政策はとらないように願う、高速道路の無料化には反対である、将来導入が検討されている環境税制等の環境政策は鉄道の優れた環境特性を尊重した内容に、などと露骨な要請を国に対して行っています（JR東海2010）。

　JR東海や国が第一に挙げている、東京大阪間の新幹線を二重系化して輸送の安定化、リスク回避を図るという目的のためであれば、500km/hとする必然性はありません。このスピードそしてプラス1000円という運賃、この条件を最も必要としているのは、他者にあらず、JR東海自身ではないでしょうか。

JR東海の長期債務残高の推移をみる

　図6は、JR東海（2010）に示されているリニア中央新幹線の建設日程と同社の長期債務の推移との関係です。ただし着工年は筆者が推測して記入したものです。JR東海は長期債務が5兆円以下なら、過去の経営実績で会社として運営していけるとし、長期債務が5兆円を超えないという制約の範囲で建設工事を進めていくと説明しています。図をみると以下のように推測されます。2015年頃から工事が始まり、工事費のための借入金で長期債務が増えていきますが、東名区間の工事が完了して2027年開業しますので、そこからは債務は少しずつ減っていく。JR東海は長期債務残高が東名区間着工時の水準に戻った時点で名阪区間を着工すると説明していますので、名阪区間の着工は図で2035年頃からと思われます。

　債務が5兆円を超えないようにして経営を維持しながら、大阪までの工事を進める。そのため東名区間が開業して10年ほどは工事

図6　JR東海の長期債務残高の推移

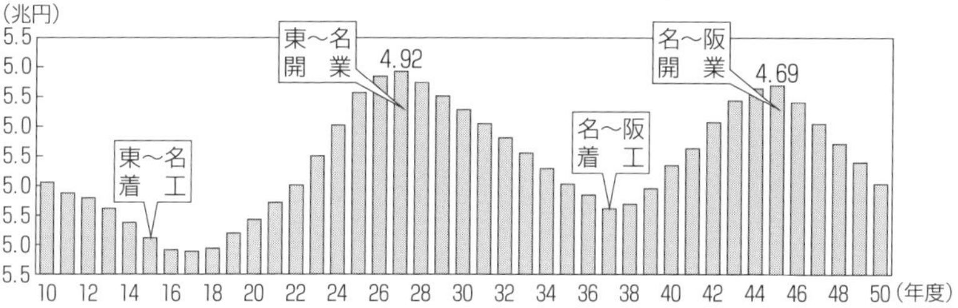

（兆円）グラフ：縦軸は長期債務残高。ピーク値として「東〜名開業 4.92」、「名〜阪開業 4.69」が示されている。矢印で「東〜名着工」「名〜阪着工」も表示。横軸は10〜50（年度）。

出所：JR東海（2010）に加筆

をしない、というわけで、JR東海は、自らが「工事日程は経営判断で進める」と言っているように、工事日程は経営優先で計画されていることが図6から読み取れます。そのため大阪までの全線開業は2045年に置かれているのでしょう。大阪の財界、府市首長、奈良県らは、国が費用を出してでも、もっと早く工事進める、大阪まで同時開業を目指すなどと要請していますが、JR東海は、民間企業としての経営の自由度を損ねないというのが、リニア中央新幹線建設に取り組む大原則である、と主張しています。

　なるほど、経営的には図6のような日程になるのでしょうが、しかし何度も述べてきましたように、JR東海は、東京・名古屋・大阪の日本の大動脈輸送の二重系化を実現し、将来のリスクに備える必要、というのをリニア中央新幹線建設の一番の目的に挙げています。将来のリスクとして想定されている1つは南海トラフの地震ですが、その発生確率は30年以内70％、50年以内90％と予測されています（政府・地震調査研究推進本部2015）。そうだとすれば図6の建設日程では二重系化によるリスク回避は間に合わないおそれ大です。図6の日程をみると、三大都市圏の社会リスク回避よりも、JR東海の企業リスク回避が重視されていると見えます。

　この章では、なぜ500km/hにする必要があるのか、高速化の経済

的側面に注目して、リニア中央新幹線の計画を見てきました。以上をまとめると

➤ 国もJR東海も、移動コスト重視で計画の妥当性を評価している

➤ 速度500km/hのリニア中央新幹線を導入し、運賃を東海道新幹線「のぞみ」プラス1000円と設定すると、航空や東海道新幹線などの旅客を取り込んで、十分な輸送需要とくに三大都市間直行需要を獲得でき、採算性も公益性もあると予測している

➤ JR東海は鉄道事業収入の9割を東海道新幹線1本に依存しており、東海道新幹線のリスクは、即JR東海会社のリスクにつながり、したがって二重系化による大動脈輸送手段のリスク回避のためと謳っているリニア中央新幹線の建設は、同時にJR東海の企業リスク回避のためでもあるという、目的に二重性がある

➤リニア中央新幹線は国のプロジェクトでもありJR東海の経営事業でもあるという、計画主体も二重性格なのですが、実態はJR東海主導で、以下の諸点に見られるように、後者の性格が色濃く表れている

・500km/hのために在来型と比べて大きなコスト増となる超電導リニアを採用しながら、運賃は"わずか"1000円の上乗せとし、東海道とリニアの一体経営を図っている

・リニア中央新幹線には三大都市間直行輸送を中心的に担わせようとしている

・建設費自己負担を背景に、民間企業として経営の自由が大原則、リニア中央新幹線建設をJR東海主導で進めることを強く主張している

・工事日程は経営維持が優先されて長期間になっており、そもそもの目的として謳われている三大都市間輸送系の信頼性向上・

将来リスク回避に間に合わない恐れがある

などの点が指摘されます。図7は第3回「小委員会」に提出された資料（JR東海 2010）のタイトル頁です。同資料でJR東海は超電導リニアの特性を活かす、として次のように述べています。

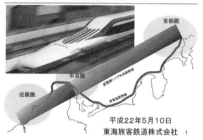

図7　第3回「小委員会」へJR東海が提出したリニア新幹線の説明資料（1頁め）

出所：JR東海（2010）

◇超電導リニアは勾配に強く、直線的なルートが実現可能
◇直線的なルートは、
　・到達時間短く、経済効果最大に
　・建設・運営の費用安くなる
　・地表通過少ないため、用地買収少なく環境にも優しい
◇高速性を生かすために、途中駅は各県一駅

このようにして現在、リニア中央新幹線は、JR東海が主体となってその建設が進められているのです。

4 環境問題・安全問題

　ここまでリニア中央新幹線計画について、そのスピードに注目して、技術の面から見た特徴、そしてなぜ500km/hが目指されるのか、経済の面から見た特徴についてみてきました。JR東海や国は、電力を大量に使っても、輸送コストが増えても、500km/hという高速性の効果で移動コストが下がり、リニア中央新幹線は航空などと対抗して多くの輸送需要が期待でき、東海道新幹線と一元経営すれば、経営事業として成り立ち、社会的経済的にも寄与するとして、リニア中央新幹線の計画を押し進めようとしています。

　しかし輸送サービスの提供で問われるのは移動コストだけではありません。環境保全・安全輸送が大前提です。とりわけ不特定多数の旅客を輸送する鉄道では、環境保全・安全に関する事業者の責務は大きいと言わねばなりません。高速化してエネルギーを大量に使い、多大の輸送コストをかけるということは、それだけ大量に廃棄物（騒音や電磁波、自然破壊など廃棄物の意味を広くとらえる）を放出することを意味し、環境問題を引き起こす恐れが増大します。さらに重大なのは高速化による安全問題で、事故が起これば大惨事になる恐れがありますから、高速化するほど環境対策、安全対策は重視されなければなりません。逆の表現をすれば、高速化の追求は、環境保全性・安全性の制約下で行われるべきだと言えるでしょう。リニア中央新幹線ではどのような環境問題、安全問題が論議になっているのでしょうか。これらについてはすでに出版物やインターネットなどでもさまざまに指摘されていますが、筆者なりに概観します。

1　環境・安全面から見たリニア中央新幹線計画の問題点

移動コスト重視で計画の妥当性を評価したこと

　第1の問題点は、「小委員会」は、移動コスト重視で輸送需要や便益を予測し、リニア中央新幹線計画を最適と評価したことです。

移動コスト基準で評価する機会損失モデルの限界

　いま社会の中で運転利用されている鉄道システムがあるとして、その鉄道システムに社会の人々はどのように関わっているのか、その立場について考えてみますと、図8のように、大きくは3つの立場があるでしょう。1つは鉄道業者（運ぶ側、移動サービスを提供するメーカ）、2つは旅客（運ばれる側、移動サービスを受けるユーザ）で、この二者は鉄道システムの運転利用に関わる当事者です。そして3つは、これら当事者ではない、この鉄道システムに関係を持たない第三者です（石谷 1972）。

　鉄道業者は旅客に移動サービスを提供し、その代価として輸送コストに見合う運賃を受け取れば、輸送業者の目的は達成されます。一方、旅客は、何か旅客自身の目的があって移動するわけで、移動は目的達成ための部分活動に過ぎません。ですから旅客の活動システムから見れば、輸送業者のシステムは部分システムになっています。そして旅客の活動は第三者が属する社会全体からみればその一部、というわけで、鉄道業者、旅客、第三者、3つの立場の関係は図8のように階層構造になっています。

図8　鉄道システムに関わる3つの立場の階層関係

図を見れば、機会損失モデルは鉄道業者と旅客、すなわち当事者だけの関係を表したモデルであることがわかります。階層システムでは、下位システムは上位システムが正常に存続していて初めて存在できますから、上位システムの評価基準が優先されなければなりません。しかし機会損失モデルだけで、すなわち当事者だけの意思決定に任せておけば、移動コスト低ければよいということで、できるだけ輸送コストを抑え、安い運賃で移動時間の短い（スピードの速い）移動サービスという点では当事者の利害は一致し、環境・安全問題の検討や対策がおろそかになるおそれがあります。このように機会損失モデルには、第三者に影響する問題は検討されないという限界があるのです。

　リニア中央新幹線のように新技術を導入する巨大計画では環境・安全問題を引き起こすリスクが大きいですから、意思決定過程で主要な検討課題とされる必要があります。そのためには第三者の立場に立って議論できる過程が設けられねばなりません。

> **ノート**
>
> **鉄道安全に係る鉄道業者の責任と安全管理の仕組み**
>
> 　システムの階層と評価基準の関係は鉄道業者自身のシステムにおいても当然成り立ちます。いくら低運賃で速い移動サービスといっても、旅客の安全が脅かされるようでは元も子もありません。鉄道業者が輸送コスト低減や高速化を図るとしても、それは旅客の安全確保が維持される限りにおいて許されるべきです。とくに鉄道のような大量輸送手段では旅客の安全対策は鉄道業者に依存せざるを得ないですから、鉄道業者の責任は重大です。
>
> 　だからと言って、安全対策を鉄道業者だけに任せてしまうと、安全が維持されなくなる恐れが生じます。鉄道業者のシステムは図8の最下層に位置しており、そのシステムは経営最適化基準、つまりは利潤最大化基準で評価されるからです。利潤を上げるには輸送コスト低減かスピードアップを図ること、競合する移動手段があればそれに勝つことが任務ですから、安全対策がおろそかになる可能性があるのです。システムの安全維持・環境保全のためには、第三者の視点に立った監視や事業活動修正の仕組みが不可欠です。

移動コスト基準の評価だけでは、なぜ 500km/h が必要なのか、という検討は行われない

　国や JR 東海がいっているように、三大都市間交通輸送手段の信頼性向上・将来リスク回避のために二重系化が必要というなら、橋山（2014）でも指摘されているように超電導リニアでなく在来型新幹線の方が望ましい。他ならぬ「小委員会」が行った需要予測、表7ケース②の結果もそのことを示しています。3章でみたように、500km/h を必要としているのは、実は JR 東海の企業経営のため、競合する航空輸送の需要を取り込むためではないでしょうか。そうだとすれば図8の最下層に位置する JR 東海の経営優先で意思決定したことになり、リニア中央新幹線計画は、そもそもの目的まで遡って、図8の全階層の視点から再検討する必要が生じてきます。

「小委員会」における環境問題の審議

　超電導リニアの環境問題については、騒音、振動、微気圧波及び空気振動など周辺生活環境への影響については、「超電導リニア方式も、明かりフードの設置などの必要な対策を実施することにより、超高速走行中であっても、在来型新幹線方式の環境基準と同等の範囲内に収まる見込みとなっている。磁界の影響を国際的なガイドラインを下回る水準に抑制することが可能である」などとし、「技術評価委」の検討評価を追認して問題ないとしています。安全問題、異常時対応などについても同様で、「技術評価委」の検討結果を確認しています。

　ルート選定に係る環境問題に関しては「小委員会」では、「環境調査について」（9回及び15回「小委員会」）という資料によって審議されています。この資料は、想定ルートを25km幅の帯状のゾーンで描き、そのゾーンを調査対象範囲として、大気、水、土壌などの環

4 環境問題・安全問題　71

境、動物・植物・生態系、景観、触れ合い活動の場（観光地）、文化財、廃棄物・温室効果ガスなどについて現況を調べたものです。委員会では概略的で戦略的アセスメント以前の段階の資料だとの指摘もありましたが、この資料に基づいて環境への配慮事項を列挙し、「今後の具体的なルートの設定においては、小委員会による沿線の自然環境の現況等に関する概略的な調査で明らかとなった配慮事項及び土地利用の現状・地形などの制約要因を踏まえた上で、沿線の環境に関してより細かな環境調査等を実施し、環境の保全に十分配慮することが必要である。このため、建設主体としての指名が適当としたJR東海は、早期段階から適切な環境配慮措置を取るべきであり、関係自治体との調整を含めた準備を継続して進めるべきである。さらに、環境影響評価の実施、工事実施段階の環境影響への配慮及び開業後も含めたモニタリングの実施など、その後の事業の各段階において適切な環境配慮措置が行われるべきである」という付帯意見を付けています。

> **ノート**
> 戦略的環境アセスメント
> 　上位計画のうち事業の位置・規模等の検討段階で行う環境アセスメント。制度にはなっていませんが、その導入を促すためとして環境省によって手続きや評価方法などを示したガイドラインが作成されています。ガイドラインによれば、このアセスメントの目的は、事業に先立つ早い段階で、著しい環境影響を把握し、複数案の環境的側面の比較評価及び環境配慮事項の整理を行い、計画の検討に反映させることにより、事業の実施による重大な環境影響の回避又は低減を図るため、とされています。

技術の開発・利用のあり方の問題

　第2の問題点は、安全問題です。国やJR東海は高速の安全走行は従来の新幹線で十分実績を積んでいる、超電導リニアは在来型のような"脱線"はあり得ず、強固なガイドウェイに囲まれているな

どとして、在来型より安全だと主張しています。しかしリニア中央新幹線は、超電導リニアという新技術を導入し、営業速度500km/hというこれまでにない高速化を目指す鉄道です。安全対策はどうなっているのでしょうか。

技術の特性と環境・安全のための原則

私たち現代人は何か行為をする際、ほとんどの場合人工の技術を使います。野菜や果物を切るのにナイフを使い、歯を磨くのに歯ブラシを使う、といった具合です。鉄道は速やかに移動するための技術です。一般的に言えば、技術とは人が何かの目的のために行為する際に、その目的をより効果的に、より安全に達成するために利用する補助手段です。どんな技術を開発し、それをどのように使うかは人が決めます。技術の開発利用には必ず人が関わっており、技術だけを見るのでなく、人・技術システムと捉えて見ることが大切です。

人はミスをする恐れがあり、完全な人は存在しません。また技術の方も、現実の技術には、

①完全な（効率100％とか、完全に計画どおりに振る舞うとかの）技術はつくれない
②事故ゼロ、絶対安全の技術は存在しない
③新しい技術には未経験の新しい事故が生じるおそれがある
④技術は使用とともに劣化する

などの性質があります。ナイフやハンマーは、人類が誕生する瞬間から使われてきた最も手慣れた技術ですが、それでも手もとを誤ったり、あるいは刃が折れたり頭が外れたりして、指を傷つけたり叩いたりするトラブルは、今も無くなりません。人はミスをする、技術は故障する、というのが、人・技術システムの安全問題を考える

際の共通認識となっています。安全のためには、ですから、技術の開発利用に際してつぎの原則が守られねばなりません。

〈原則1〉　性能・製造限界を利用規制でカバーする
〈原則2〉　対応不能の重大事態が生じ得るような技術の開発利用
　　　　　は避ける

〈原則1〉は、説明不要でしょうが、交通機関での速度制限とか耐用年限とかがその例で、規則や規制を設けて、事故や故障が起こらない範囲で使用する、あるいは、使用実態を考慮してその範囲では故障や破損が生じないように技術の方に性能規格、強度規格を設けるなどで、環境・安全を維持するという意味です。

破局的な重大事態はひと度生じれば終わりですから、そのような事態は回避されなければならず、発生確率では評価できません。もしそのようなおそれがある技術を開発し、いったん作ってしまうと、絶対安全が要求されます。しかし現実の技術の絶対安全は不可能ですから、初めから開発利用は避けるべき、というのが〈原則2〉の意味です。

超電導コイル、地上コイルの信頼性

新技術導入で最も注目されるべきは、心臓部である超電導コイルでしょう。超電導コイルユニットは小型化、軽量化をとことん追求してつくられており、非常に繊細ち密な構造をしていながら、最も過酷な条件で使用され、なお最も高い信頼性が要求される部分です。回避すべき事象としてよく論議されるのは、クエンチですが、[囲み4] に述べたように、それは克服されたといわれています。しかし超電導コイルには変動荷重がかかっており、走行時間とともに劣化が進行すると考えておく必要があると思います。加えて以下のような条件下にあります。

囲み④

超電導磁石、地上コイルについて

（鉄道総合技術研究所の「鉄道総研報告」の「浮上式鉄道技術とその応用」特集号、国際超電導産業技術研究センターの「超電導 Web 21」などを読んでの、筆者なりの説明です）

　超電導磁石は小型化、軽量化をとことん追求した、非常に繊細ち密な構造をしています。超電導コイル本体は横約 1m、高さ 0.5m、陸上競技場のトラックのような形状で、線材が互いに動かないように締めつけ、かつ樹脂で固められています。この超電導コイルは液体ヘリウム（マイナス 269℃）を満たした内槽に収められており、さらにこの内槽は液体窒素（マイナス 196℃）で冷やされたふく射シールド板で覆われています。このようなコイルが 4 個横並びに置かれ、その全体が真空層を介して外槽で囲まれる、という構造で超電導磁石は 1 つのユニットになっています。この超電導コイル 4 個 1 組となったユニットが車両連結部の台車に左右 1 個ずつ、取り付けられています。

　列車が走行すると超電導磁石には主に 3 つの負荷がかかります。

　1 つは、当然ですが、支持力（浮上力、案内力）及び推進力となる磁力です。磁力は走行速度に応じて増える周波数で変動しています。超電導磁石はこの磁力に耐える強度と剛性が必要です。とくに超電導コイルは変形したり振動したりするとクエンチにつながる恐れがありますから、内槽は補強材や、荷重支持体が入念に取り付けられ、それら補強材や荷重支持体は外槽にしっかり固定されています。

　2 つは、外部からの熱の侵入です。これは厳重に断熱されなければならず、ふく射シールド板や真空層などはそのためのものです。それでもゼロにはできず、その分はヘリウムの蒸発熱によって除去します。蒸発したヘリウムは冷凍機と圧縮機を使って液体にして戻す仕組みになっています。このため圧縮機、冷凍機、ヘリウムタンクなどから成る冷却装置が外槽に装備されています。断熱機能や冷却能力が落ちて昇温するとクエンチにつながりますから、断熱構造や冷却装置は非常に重要で、高い信頼性が要求されます。

　3 つは、地上コイルの変動磁場によってふく射シールド板や外槽部材に渦電流が発生し、この渦電流によって生じる熱や振動です。熱は上記の外部新幹線入熱と同じ障害をもたらし、振動は超電導コイルの損傷につながる恐れがあります。宮崎実験線の頃はコイルの振動などのためにたびたびクエンチが発生しましたが、工夫改良が行われ、クエンチトラブルは克服したとされています。しかし渦電流発生や振動は、小さくはできてもなくすことはできないでしょう。克服したというのは、一定の耐久性が得られたということであり、クエンチの恐れがなくなったという意味ではないでしょう。

　地上コイルも超電導磁石の通過に応じて、推進力、浮上・案内力となる磁力が繰り返し負荷されますからしっかり側壁に固定されていなければなりません。とくに推進用コイルは高電圧で千アンペアオーダの電流が流れますから、高い電気絶縁性が要求されます。

- 状態監視や検査が重要ですが、構造上開放はできず、直接の点検ができない
- 装置は外気に曝され、かつ側壁に近く、車体の最も出っ張った部分になっているから、落下物、地震などの外乱に対して最も影響受けやすい状況にある（写真参照）
- 冷却装置は液体ヘリウム、液体窒素を扱っているから、配管系の漏れなどのトラブルの可能性
- 何十万kmの走行実績といったデータが公表されますが、実験線ですから500km/hでの走行はもっと少ないだろうし、継続時間も短く、車両数も少なく、営業運転条件とは異なる
- 超電導磁石は数多く（16両なら136個）搭載されます。厳重に品質管理されているとはいえ、**繊細ち密な構造部分には微小な欠陥**が含まれているなどの可能性がある

これらを考慮すると、クエンチも含めて、未経験の事象で超電導磁石が機能を失う可能性を想定しておくべきではないでしょうか。

しかし「技術評価委」（2009）によると、超電導磁石や地上コイルの保守点検について

- 超電導磁石は、弁類以外はメンテナンスフリー
- 冷凍機検査年1回、超電導磁石弁類や圧縮機部品交換4年周期
- 地上コイルはメンテナンスフリー、5年に1回絶縁劣化検査

と述べられているのみです。

リニア中央新幹線が内包する危険性

超電導リニアは新技術であり未経験の事故の可能性があること、500km/hという高速であり事故起きれば大惨事となるおそれがあること、電力系統・情報通信系統が機能しなくなると運転制御が不可能になること、運転士不在の遠隔制御であり車上からの運転制御が

不可能であること、地下構造区間が多く事故時の自力避難や救難救急など緊急対応が困難であること、日本は地震列島であり最近は地震活動期に入っていること、などを考えると、リニア中央新幹線は上記〈原則2〉に関わるような大惨事を引き起こす可能性について、入念な検討が必要です。しかし「第2回小委員会」資料（2010）やJR東海（2012）では、

① 車両は強固なガイドウェイに囲まれており脱線は生じない
② 地震の揺れは地下深くなるほど小さくなる
③ 強い磁力で列車をガイドウェイ中心に保持している
④ 停電しても磁気浮上は維持される
⑤ 地震への対応については、新幹線及びこれまでの山梨実験線での経験に基づき、対策が確立している
⑥ 停電してもバックアップブレーキで停車する
⑦ 避難必要時は避難通路、斜坑、立坑（換気のための立坑を5

リニア・鉄道館に展示されているMLX01形リニア実験車両の先頭部（側面に出っ張って取りつけられている長方形の超電導コイルユニットがみえる）

〜10km 置きに設置）など利用して脱出可能

などとし、異常時への対応はできていると説明しています。下線は筆者が引いたものですが、このような断定的記述をみると、対策は万全、重大事故は生じないと言わんばかりで、"安全神話"に陥っているのではないかと心配されます。筆者は、地震への対応がとりわけ重要と思いますが、この点は後述します。

　超電導リニアの安全に関する技術面の検討は、国交省の「技術評価委」で行われ、地震も含めて異常時の対応はできていると評価されています（技術評価委 2009）。しかしこの技術評価委員会は国交省内の機関であり、主たる任務は超電導リニア技術の実用化を確認する、つまり超電導リニアを推進する視点からの検討であり、環境・安全問題の評価を主務としている機関ではありません。そしてその上部機関である国・国交省についてみれば、「国土のグランドデザイン 2050」（国交省 2014 年 7 月公表）及び「国土形成計画」（2015 年 8 月閣議決定）において、リニア中央新幹線をこれからの国土づくりの核となる国家プロジェクトと位置付け、その整備の推進を目指しているのです。

ノート

　国土形成計画（全国計画）ではリニア中央新幹線を次のように位置付けています。「リニア中央新幹線の整備は、東西大動脈の二重系化、三大都市圏の一体化、及び地域の活性化等の意義が期待されるとともに、国土構造にも大きな変革をもたらす国家的見地に立ったプロジェクトであり、建設主体である東海旅客鉄道株式会社による整備が着実に進められるよう、国、地方公共団体等において必要な連携・協力を行う。リニア中央新幹線の開業により東京・大阪間は約 1 時間で結ばれ、時間的にはいわば都市内移動に近いものとなるため、三大都市圏がそれぞれの特色を発揮しつつ一体化し、4 つの主要国際空港、2 つの国際コンテナ戦略港湾を共有し、世界からヒト、モノ、カネ、情報を引き付け、世界を先導するスーパー・メガリージョンの形成が期待される」（下線は筆者による）

これでは技術評価委で安全・環境の視点に立った徹底的な検討は難しいでしょう。重大事故が想定されるような巨大プロジェクトでは、安全・環境問題を主務とする独立した組織による検討が必要ではないでしょうか。

リニア中央新幹線計画の二重性格がもたらす問題

第3の問題点は、リニア中央新幹線計画の二重性格がもたらす問題です。二重性格には2つの側面があります。1つは計画主体の二重性格で、全幹法による国の計画であると同時に、JR東海という民間企業の事業計画ででもあること、2つは計画目的の二重性格で、三大都市間輸送幹線の二重系化と将来リスク回避のためという社会的な目的であると同時に、JR東海会社の経営事業という民間企業の私的目的ででもあることです。

計画主体の二重性格は、日程や財政見通しに問題が生じた時、事故やトラブル、環境問題などが生じた時、責任の所在があいまいになって、的確な対応が取り組まれないおそれがあり、目的の二重性格は、コスト削減や採算性など企業経営目的が優先され、環境・安全問題への取り組みがおろそかになるおそれがあります。

基本計画から整備計画へ、整備計画から工事認可へという、リニア中央新幹線の計画具体化の過程は、見てきたように、JR東海主導で進められてきたといえ、このような二重性格に起因する問題が顕在化してきているように思われます。だからでしょう、工事認可され、JR東海は工事を進め始めているのですが、沿線各地に住む人々からは、用地買収や立ち退き、膨大な量の建設発生土の処理処分、トンネル工事による水涸れ問題、山や河川の破壊、電磁波、微気圧振動・騒音、工事公害などなど、様々な疑問や訴えが出されてきています。

2　さまざまな環境問題

　筆者のように大阪に住んでいると、リニア中央新幹線のことは、夢の超特急とか、世界最高速を記録したとかの見出しで、時折マスコミから流される情報に接する程度で、具体的な環境問題にまでなかなか意識が及びません。

　しかし山梨実験線沿線ではその工事の段階から、現実のこととしてさまざまな環境問題が心配され、現に水枯れなどの被害も生じて

囲み5

リニア中央新幹線と原子力発電プラント

　ここまで書いてきて、筆者は、リニア中央新幹線と原子力発電プラント、この2つの巨大技術の開発利用のあり方は、よく似ている、という印象を強くしています。

　原発は、核エネルギーの平和利用ということで、国策としてその導入が進められ、安全・環境問題の検討は経産省という原発の推進を司る機関で行われ、東京電力では経営優先で安全対策はおろそかにされ、安全第一と言いながら、実態は、重大事故は生じないという安全神話に乗って開発利用が押し進められ、福島第一原発事故が引き起こされるに至りました。しかし国策であると同時に東京電力の経営事業ででもあるという二重性格の故に、事故責任があいまいにされ、事故対応・救難救急・被災者対応が的確に行われない、という悲惨で理不尽な事態に陥っています。しかも残された多数の既設原発は、絶対に重大事故を起こしてはならないという、事実上不可能ともいうべき困難な課題に迫られています。

　一方リニア中央新幹線は、移動コスト重視の評価で超電導リニアが採用され、環境・安全問題はリニア中央新幹線推進を司る国交省で評価され、計画は国とJR東海という二重性格を有し、実態はJR東海主導で進められ、さまざまな環境・安全問題が指摘される中で建設工事が始められている、という具合です。

　巨大な新技術の開発利用という視点で見ると、両者の過程はよく似ていると筆者には思われます。ただ技術の研究開発という点では大きな違いがあります。原発は外国で開発された実物プラントの丸ごと移入でいきなり実用に入りましたが、超電導リニアは、そもそものアイデアはアメリカから得たのだとしても、鉄道技研（当時）の基礎実験から今日まで、ほとんどすべて自主研究開発で進められてきたという点です。この差は、リニア中央新幹線については技術の利点だけでなく弱点も把握できているはずであることを意味しています。原発のような事態に陥らないためには、弱点にも注目し、真に環境・安全維持第一の立場に立って徹底検討する過程が不可欠で、その上でリニア中央新幹線の開発利用の意思決定をする必要があると思います。

きています。実験線といいますが、山梨実験線は先行区間 18.4km（1997 年完成）、全線 42.8km（着工 2009 年、完成 2013 年）という大規模なもので、リニア中央新幹線の実用路線に転用される予定ですから、実態は立派な鉄道施設です。ここではもう 20 年も前から高速走行実験が行われてきています。山梨県はじめ東京〜名古屋間では、随分前から環境問題は論議となり、さまざまな問題点が指摘されています。沿線の地域や人々がどのような状況に置かれているか、樫田（2014）やリニア・市民ネット（2015）はリアルに伝えてくれています。現地に住んでいる人々の健康や生活、営まれている生業などに関わる環境問題は実にさまざまで、安易に整理したりするのは禁物ですが、筆者なりにいくつか問題を挙げると次のようです。

建設計画に関わる問題
・長大なトンネル、巨大な地下構造物建設など大規模土木工作行為が引き起こす自然生態系破壊、地下水系破壊、地域社会影響など
・都市域での「大深度法」（大深度地下の公共的使用に関する特別措置法（平成 12 年 5 月 26 日制定、法律第 72 号）適用による大規模地下構造物建設問題

　大深度法とは、地権者が通常利用しない大深度（地表面下 40m 以深、あるいは構造物の支持基盤面下 10m 以深）の地下空間を、鉄道・道路等公共事業に対しては、土地所有権者の同意不要で、実害なければ無償で利用することを認める、ただし国交省の承認が必要という法律です。大深度法を適用すれば、土地取得費は不要、ほぼ規制なしにルート選定でき、JR 東海にとっては願ってもない制度であると指摘されています（坂巻 2015）。実害があれば補償されることになっていますが、実害の申し出は 1 年以内、実害と工事の因果関係は被害側が立証する必要があります。しかし実害は工事の場所から離れた

所で起こったり、時間的に遅れて起きてくる場合もあり、立証は困難とも指摘されています（坂巻2015）。

・膨大な建設発生土問題

東京・名古屋区間の環境影響評価書資料編（JR東海2014b）によれば、発生量は表11のように予測されています。合計で

表11 リニア中央新幹線建設工事で発生する廃土、汚泥の推定量

(単位:万 m^3)

	建設発生土	建設汚泥	合計
東　　　京	600	151	751
神　奈　川	1140	225	1365
山　　　梨	676	42	718
静　　　岡	360	22	382
長　　　野	974	80	1054
岐　　　阜	1280	37	1317
愛　　　知	650	122	772
合　　　計	5680	679	6359

資料：JR東海「中央新幹線環境影響評価書資料編」(JR東海2014b) より抽出

6359万 m^3、これは東京〜名古屋区間の予測量ですから、大阪までの全線工事ではさらに増え、1億 m^3 にもなろうかという膨大な量です。どのように処理処分するのか、事前に十分な計画が必要でしょう。建設汚泥に関しては、同資料に一応の処理処分の工程が示されています。しかし大部分を占める建設発生土については、再利用を図る方針であると記述されていますが、工程図に示されている発生土の行く先は「発生土置き場」とあるだけで、その先の再利用など処理処分の具体的な工程は示されていません。発生土置き場についても、それがどこなのか、どのように置いておくのか、どれぐらいの期間置いておくのか、その間の管理はどうするのか、環境影響評価書（JR東海2013c）では必ずしも明確ではありません。

建設工事に伴う問題

・工事の困難性に伴う問題

田結庄（2015）には工事の困難さについて以下のように記述されています（以下著者の許可を得て、大要を引用させてもらいます）。工

事ルート中最も難工事として指摘されているのは、広大な南アルプスを横切る、富士川から始まり天竜川に至る50kmに及ぶ工事ルートで、核心部分は赤石山脈を貫く南アルプストンネルと称され、大井川直下をくぐり全長22kmにもおよびます（図9参照、松島2014から引用）。地表からトンネルまでの標高差（土被りという）は1000m～1400mときわめて厚くなっている箇所があり、この土被りの厚さのため、地山圧力による盤ぶくれ（岩盤の膨れ）が発生し、トンネルが潰れる危険性もあります。赤石山地は今から約1500万年前頃伊豆―小笠原弧が衝突することによって、先端部に位置していた赤石山地は折れ曲がり反転し、断層で切られ隆起するなど、すさまじい変動を受け形成された山地で、今なお日本で最も隆起しつつある山地です（松島2014）。この運動で地層は直立し、ねじ曲がり、断層による破砕が進行し、非常に崩れやすい山地となっています。ルートには多数の断層が存在し、破砕帯が形成されています。この破砕帯では岩石が粉々となり、粘土化（断層ガウジ）しており、不透水層となり水をせき止めるので、トンネルが断層にぶつかると多量の水が噴出し、困難な工事となります。また、南アルプス通過後も伊那山地に入り、木曾山地、岐阜県東濃地方の丘陵地へと続きます。そこには阿寺断層や屏風岩断層があり、さらに恵那断層など問題の多い断層を貫くことから難工事が想定されます（田結庄2015）。

　このような難工事のため、日程変更、事故、付加工事発生、予算変更、事故発生などの諸問題が生じ、それに伴って想定外の環境問題が生じるおそれがあります。

・水枯れ問題

　「リニア中央新幹線ルートで最大の問題は水涸れ問題です。南アルプストンネルは、図9に見られるように、大井川上流の下約350mの所を掘り抜きます。掘削中に大井川沿いの下にある豊かな水脈を

4 環境問題・安全問題 83

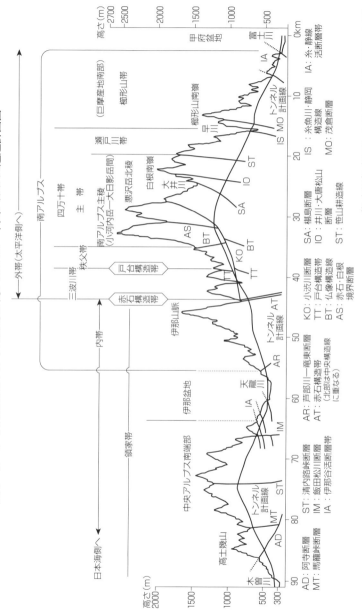

図9 リニア中央新幹線トンネル部分の南アルプス～中央アルプス通過計画図
(松島信幸 (2014) から引用、水平／垂直＝1/10)

貫くこととなり、トンネル内部に多量の湧出が生じるために大井川の流量が低下し、その量は、JR 東海（2014d）によれば毎秒 $2m^3$ と想定されています。」（田結庄 2015）

「リニア中央新幹線のトンネルは中央構造線など断層を幾つも貫くため、破砕帯から大量の湧水が出るため、周辺の地下水を大きく変動させます。特に、南アルプスは多数の割れ目があり、多量の水が蓄えられているため、トンネル工事により水位低下が予想されます。トンネルの水涸れの例として、山陽新幹線六甲トンネル工事では断層を貫いたため、膨大な出水が生じ、六甲山の修法ガ原の池が枯れたほか（兵庫県、「兵庫県の地質―兵庫県の地質図解説書・土木地質編」、1996）、鶴甲団地では地下水位の変動のため断層が動いて東西にずれ、マンション2棟が壊れ、大規模修理に至りました。このような長大トンネル工事に伴う水涸れとして、山梨県でのリニア実験線延伸工事や北陸新幹線工事でも起こっているほか、アルプスでの高速道路工事でも生じており、破砕帯を貫く山岳トンネルではさけて通れない問題です。JR 東海は周辺自治体に水涸れが起こること、さらなる流量の低下を具体的に提示すべきです」（田結庄 2015）。

・自然生態系、地域社会への影響

自然生態系、地域社会への影響は、リニア中央新幹線計画に伴う最も重大な環境問題の1つといえます。工事は列車が走る本坑を掘るだけではありません。先進坑、非常口や工事のための斜坑、それらの連絡坑などのトンネル工事、車両基地や変電所など付帯施設の建設、工事用道路造成、工事のための諸施設整備、発生土置き場など、さまざまな工事が伴い、自然改変は広範に及びます。保護されるべき貴重な希少動植物種ももちろん重要ですが、現地の自然系・生物系全体、それらと共存して歴史的に形成されてきた人々の暮らしや文化など人の社会も含めた総合的な自然生態系にどのような影

響を及ぼすのか、影響ある場合どう保全するのか、重要であると思います。
・大量の資材や廃土砂運搬車両通行、工事車両通行など長期に及ぶ工事に伴う環境公害問題

　たとえば、工事発生土砂の量を見てもわかるように、それを運ぶダンプトラックの交通量だけでも半端ではありません。資材運搬など工事関係の重量車交通もあります。重量車が普段は通ったこともない集落を、毎日何百台もが長期間通行することになります。工事に伴う環境公害問題には十分な計画的対策が必要です。

リニア中央新幹線運行に伴う問題
・磁界の健康への影響

　磁界の健康への影響に関しては、日本でも以前から規制基準の必要性が論議され、リニア中央新幹線についても指摘がなされています（例えば荻野 2013、荻野 2014）。JR 東海や国交省は国際非電離放射線防護委員会の基準を適用して評価し、問題ないとしていますが、強い磁界を扱う超電導技術の利用を進めようとしているわけで、沿線に住む人々や旅客に対して十分納得のゆく説明、情報提供が不可欠です。

・微気圧波・騒音問題

　微気圧波とは、列車がトンネルに突入する際に発生する衝撃的な圧力上昇が圧力波となってトンネル反対側開口部や立坑（リニア中央新幹線では事故時に旅客がトンネルから脱出するための非常口を兼ねた換気口が5～10km 間隔で設置される）などの開口部から放射されることを指します。車両走行によって引き起こされる騒音の1種で、音圧としては非常に大きく、かつ瞬時的に発生する事象なので、新幹線ではこのような用語が使われています。

技術評価委（2009）は騒音に対しては「新幹線鉄道の騒音環境基準」を適用し、微気圧波に対しては、「トンネル坑口緩衝工の設置基準（案）」（山岳トンネル設計施工標準・同解説、鉄道建設・運輸施設整備支援機構、2008年4月）の目安値を適用して、これら基準を達成することは可能と評価しています。JR東海の環境影響評価書では同じ評価基準を適用して、対策を講じれば基準を満足することができる、屋外騒音で達成できなければ、個別家屋に防音対策を施すとしています。しかしこれらの評価基準について、この程度の音なら大丈夫という住民らの確認は取れているのでしょうか。山梨実験線では実際に騒音や微気圧波が発生しているはずですから、それらに対する沿線住民らの実感をヒヤリングするとともに、住民らと一緒に測定して評価基準のレベルはどのようなものか、納得のゆく調査と対策が検討されるべきでしょう。技術評価委（2009）も、「全線完成後の山梨実験線において営業線適用仕様で最終確認を実施すべきである」と指摘しています。

・エネルギー問題（電力の大量使用）

運輸部門は、日本では最終エネルギー消費の25％、石油製品の45％消費、世界では、それぞれ約27％、67％を使っています。省エネは不断に追及されるべき課題ですが、現在は温暖化対策と関わってとりわけ重要になっています。車輪・軌道方式の在来型鉄道は、優れた輸送エネルギー性能が大きな特徴でした。しかしリニア中央新幹線の輸送エネルギー性能は、2章でみたように、在来型と比べて大きく低下します。この問題は重要なので、項を改めて記述します。

開発側主導の環境アセスメント

2011年5月国交大臣によって中央新幹線の整備計画が決定され、

その建設主体、営業主体に指名されたJR東海は、環境アセスメントを行い、2014年8月、リニア中央新幹線（品川〜名古屋）に関する大部の環境影響評価書を提出しています。評価書を見ての印象ですが、法制度などで決められている方法や基準、あるいはJR東海自身で決めた方法や基準に依拠し、それらを満足しているから問題ないと評価しています。これでは、影響を受ける側の意見などが十分考慮されているとはいえず、現地の人々の疑問や心配に十分応えるアセスメントになっているとは思えません。

　JR東海の評価書は環境大臣の意見（環境省2014）にも十分に応えていません。たとえば、

- 大量の建設発生土の処理処分は重大な問題ですが、発生土置場について、環境大臣はその場所選定、運搬などへの意見に加えて、その管理については「発生土置場での発生土の管理について、濁水の発生防止や土砂の流出防止その他周辺環境に影響を及ぼさないよう、発生土置場ごとに管理計画を作成した上で、適切に管理すること。また、発生土の管理計画の作成に当たっては、内容について関係地方公共団体と協議し、また、住民への説明や意見の聴取等の関与の機会を確保すること」としています。しかし既述のように、発生土置場の場所さえ明確ではありません。
- 使用電力の増加とそれに伴う温室効果ガス排出の増大も重大で、これについて環境大臣の意見は「本事業の供用時には現時点で約27万kWと試算される大量のエネルギーを必要としているが、現在我が国が、あらゆる政策手段を講じて地球温暖化対策に取り組んでいる状況下、これほどのエネルギー需要が増加することは看過できない。供用時におけるエネルギー消費量の低減と調達するエネルギーのグリーン化等を行い、大規模事業者として、温室効果ガスの排出低減に向けて主体的な役割を果たすことが不可欠で

ある」と指摘しています。後述するように、JR 東海の環境アセスメント報告書では、実態に沿わない計算値を示して、リニア中央新幹線開業しても CO_2 排出量は開業前と大差ないと述べ、まともに答えるような検討を行っていません。
・環境アセスメントでは現地の人々の意見や知見を反映させることが重要です。環境大臣意見は「事業実施に当たっては、地元自治体の意見を十分勘案し、環境影響評価において重要である住民への説明や意見の聴取等の関与の機会の確保についても十全を期すこと」と述べていますが、評価書が十分に応えていないことは上にみてきたとおりです。

JR 東海の環境アセスメントは開発側主導の一方的なアセスメントになっています。環境アセスメントでは現地主義に立つことが大切です。現地の実態に則し、地域の住民らと十分なコミュニケーションをとり、住民の意見や経験を反映させる、双方向的に知見、経験を活かす視点に立って調査分析、評価を行うことが大切です。可能な限りそのような環境アセスメントを追求すべきでしょう。

1つ指摘しておきたいことは、山梨実験線にかかる環境影響の調査分析が行われたのかどうかということです。山梨実験線では先行区間の時期から数えれば20年もの走行実験、全線 42.8km におよぶ実線規模の建設工事も実行されました。樫田（2014）に指摘されているように、水枯れ被害、騒音被害などさまざまな問題が指摘されています。この実験線の建設工事や走行実験が沿線地域や住民生活にどんな影響や被害をもたらしたのか、沿線の人々へのヒヤリングをはじめ、全面的な実態調査を行えば、少なくない実際データが得られるのではないでしょうか。環境アセスメントを行うについては、まずこれらデータを採取し、調査分析や評価の内容に反映させるべきですが、そのような形跡は評価書には見られません。

> **ノート**
>
> 環境影響評価制度について
>
> 　開発側主導の環境アセスメントになるのは、現行の環境影響評価制度にも問題があります。環境影響評価法によれば、環境影響評価全般は環境省の管轄ですが、調査、予測、評価、報告書の作成など具体的作業を行うのは事業者、環境影響評価の手続きを進めるのに必要な指針などを定めて管理するのは対象事業に関する主務官庁（たとえば鉄道や道路事業は国交省、発電所は経産省）であり、免許等を行う際に環境保全の配慮についての審査等についても主務官庁が行うとなっています。
>
> 　確かに環境影響評価を行う方法を省令で定める際、主務大臣は環境大臣と協議する、環境大臣は指針や判定基準などに関する基本的事項を定めて公表するなど、環境影響評価に関する基本的枠組みは環境省が管理できるようになっています。しかし環境影響評価の具体的過程は、上述のように、ほぼ全面的に、事業者とその事業の開発にもかかわる主務官庁で行われることになっているのです。
>
> 　この関係は、福島第一原発事故以前に取られていた、原発の安全管理の仕組みと似ています。当時、原発の安全管理は、規制や審査基準など安全に係る基本的事項は内閣府の原子力安全委員会が定め、それに基づいて、具体的な安全管理は原子力安全・保安院（経産省）が行う、という仕組みになっていました。経産省は原発利用の推進も担っており、その内部部局である安全・保安院は結局安全管理を果すことができず、事故後、現在の体制に改められたのでした。

リニア中央新幹線と環境制約

　筆者は、環境とは、「システムが正常に活動していくためにはなくてはならないが、しかしシステム自らは整えることができない、自然的及び社会的諸条件の総体」と定義しています。ここでシステムという用語は、環境と資源や廃棄物のやり取りをして活動する主体を意味しています。この定義によれば、主体が異なれば、また同じ主体でも活動が異なれば必要とする環境の内容は異なってきます。ですから人の社会やその周辺の自然界では、さまざまなシステムが活動しており、それぞれが必要とする環境が何重にも重なり合った状態になっています。

　リニア中央新幹線の沿線でも、さまざまな人々や地元産業、自治

囲み⑥

資源環境と廃棄物環境

わかりきったことではあるのですが、環境と人間の活動との関係について述べておきます。図を見てください。生物であるヒトは外部から食べ物を採りこんで生命活動を維持します。このことは食べ物や清澄な空気、水などを提供してくれる資源環境、炭酸ガスや排熱、排泄物などを捨てられる廃棄物環境がないと、ヒトは生きて行けないということです。

また人は技術を開発し、それを利用して活動します。

技術利用によって人は持って生まれた心身能力をはるかに凌駕する大きな能力を発揮できますが、しかし技術は無から有を生みだすものではありません。技術は、環境から資源を取り込み、それをうまく加工して、人の活動能力拡大のために活用する手段にすぎません。ですから技術を開発利用する活動は、その技術が必要とする資源が入手できる環境、およびそれらを使用して不要になった廃棄物を排出できる環境が不可欠です。技術の開発利用が進めば進むほど、人間の活動と環境との間で資源、廃棄物のやりとりが増大し、多様化して行きます。

体、学校、病院などの活動が必要とする多種多様な環境、さまざまな生物や生態系が必要とする環境、それらが重なり合っているでしょう。そうした中へリニア中央新幹線という巨大システムを、JR東海が主体となって建設し営業するというのです。この巨大な人・技術システムが正常に稼働するには、そのための環境が必要です。例えば、資源側についていえば、路線・施設建設のための用地、大容量の電力供給源、巨大な建設資金の調達先など、廃棄物側でいえば大量の廃土砂、発生する騒音や微気圧波、電磁波の放出などが可能な条件が揃った環境が必要で、それがなければリニア中央新幹線を建設し稼働させることはできません。このことは、沿線の人々の生活、産業、自治体、教育、医療、生物、生態系などのためになくてはならないさまざまな環境が重なり合っているところへ、それらと全く異質の巨大な環境がかぶさってくることを意味します。そのことによって従来のさまざまな環境にどのような影響を及ぼすのか、それ

らを保全するにはどんな条件が必要なのか、環境影響評価は、このような総合的な視点から行われる必要があるでしょう。

環境大臣意見（環境省 2014）はその総論において「技術の発展の歴史を俯瞰すれば、環境の保全を内部化しない技術に未来はない。このため、低炭素・循環・自然共生が統合的に達成される社会の具現化に向け、本事業の実施に当たっては、次の措置を講じることにより、環境保全について十全の取組を行うことが、本事業の前提である」と指摘しています。

3　リニア中央新幹線運行による CO_2 排出量予測と温暖化問題

JR 東海の CO_2 予測批判

JR 東海は、リニア中央新幹線全線が開業した時点の、東京〜大阪間の旅客輸送によって排出される CO_2（炭酸ガス）の量を全線開業時 2045 年について、表 12 のように予測しています（囲み 7、JR 東海の予測計算の概略参照）。そして、JR 東海は、東京都〜大阪府間で全線開業時の温室効果ガス排出量について、開業前、つまりは現状と同程度になると述べています（JR 東海 2014c）。

この予測について少し指摘しておきたいと思います。

温暖化防止のための温室効果ガス削減は待ったなしの厳しい対策が必要で、国は 2050 年に 80％ 削減の目標を掲げています。2045 年といえば 2050 年は間近に迫っている時点です。80％ 削減の目標を達成するにはエネルギー需給のあり方も、使用するエネルギー源や動力技術も相当に様変わりされていなければならず、それは交通輸送分野も例外ではないでしょう。そうだとすれば、現在の CO_2 排出係数を 2045 年の予測に適用するのはほとんど意味をなしません。また計算に用いた利用者数ですが、それは東京都〜大阪府間の旅客流動量であって、新幹線の東京駅〜新大阪駅の新幹線利用旅客数その

表12 JR東海が推定した、東京都〜大阪府間流動旅客を輸送する各種交通機関からのCO_2排出量（JR東海2014c）

CO_2排出量（万トン／年）

	現状 (2005年)	リニア中央新幹線開業時（2045年）		
		中央新幹線整備せず、東海道新幹線だけの場合	リニア中央新幹線を整備した場合	
			伊丹・関空航空便、現在と同じ場合	伊丹・関空航空便、全廃の場合
リニア中央新幹線	0	0	34(40)	38(44)
航　　　空	30	33	21	0
東 海 道 新 幹 線	6	7	2	2
自 家 用 乗 用 車	2	3	2	3
バ　　　ス	1	1	1	1
合　　　計	39	43	60(65)	43(50)

（注）カッコ内の数値は3章の［囲み1］に示した電力推進系効率を勘定に入れた修正値

ものではありません。表12の数値も、実際に東海道新幹線の利用者数に見合ったCO_2排出量ではありません。JR東海（2014c）を注意深くみればわかりますが、うっかりすると表12をそのまま東海道新幹線による排出量と読んでしまうかもしれませんので、念のため述べておきます。その旅客流動量もずっと先の2045年の予測値であり、すでに3章で述べたように量的には大きな不確かさを免れ得ません。

　といった次第で、これらのデータを使って2045年のCO_2排出量の多寡を論じるのはほとんど意味を持たないといえます。このことを念頭に置いた上で表12をみてみましょう。

　リニア中央新幹線を導入すると（表の右から2列め）CO_2排出量は現在の1.5倍以上にも増える予測になっています。全線開業時の排出量は開業前と同程度になる、とJR東海は述べていますが、そう言えるのは表の最右列、東京への航空便を全廃する場合です。これは、リニアの開業で新幹線からのCO_2排出量は増えるが、航空利用者が全部リニア中央新幹線へ移り、航空からの排出量はゼロになるので、それと相殺されて開業時2045年の排出量は開業前2005年と同程度

> **囲み7**
>
> ### 東京都～大阪府間の旅客輸送のために排出されるCO₂について
> ### JR東海が行ったCO₂排出量算定手順の概略
>
> JR東海は、環境影響評価書（東京都）資料編（JR東海2014c）で、現状（リニア中央新幹線開業前）と全線開業後（2045年）に、東京都～大阪府間の旅客輸送のために排出されるCO₂の量の算定を行っています。その算定手順の概略は以下のようです。
>
> 大阪開業時の東京都～大阪府間旅客輸送によるCO₂排出量予測
>
> ①各種交通機関のCO₂排出量を下の式で算出する
> 　[CO₂排出量]＝[CO₂排出原単位]×[年間利用者数]
>
> ②上式のCO₂排出原単位は各交通機関それぞれのCO₂排出係数（輸送量人キロ当りCO₂排出量、kg-CO₂/人キロ）と東京～大阪間輸送距離とから次式で求める
> 　[CO₂排出原単位]＝[CO₂排出係数]×[輸送距離]　kg-CO₂/人
>
> 　CO₂排出係数は2008年度の値を使用する。各交通機関の排出原単位は以下の値となる。
>
> 　〈航空機〉（B777-200）　排出係数0.1767、飛行距離548.4km、0.1767×548.8＝96.9kg-CO₂/人
>
> 　〈自家用自動車〉　排出係数0.164、運行距離514km、0.164×514＝84.3kg-CO₂/人
>
> 　〈バス〉　排出係数0.048、運行距離514km、0.048×514＝24.7kg-CO₂/人
>
> 　〈東海道新幹線〉（N700系のぞみ）、実績値（東京～新大阪）4.4kg-CO₂/座、乗車率61.2%として4.4÷0.612＝7.1kg-CO₂/人
>
> 　〈リニア中央新幹線〉　500km/h平坦部走行時所要動力35000kWを基に消費電力を求める35000kW×（加速・勾配を考慮した係数1.1）×（走行時間67分／60分）＝43800kWh、電力のCO₂排出係数0.409kg-CO₂/kWh（2008年度の東電、中部電力、関電の平均値）1列車1000座席、乗車率61.2%として43800×0.409÷(1000×0.612)＝29.3kg-CO₂/人
>
> 　　《筆者注a》　この算定では4章で述べた電力推進系効率85%が考慮されていません。これを考慮すると29.3÷0.85＝34.4kg-CO₂/人
>
> 　　《筆者注b》　2008年度は原発がまだ多数運転されていた頃で、この時の電力排出係数を適用する、しかもそれを2045年の算定にも使うというのは相当無神経。
>
> ③2045年大阪開業時の利用者数
> 　「9回小委員会」の国交省の輸送需要予測資料の東京都～大阪府間旅客流動数を用いる
>
> 　　《筆者注c》　利用者数を東京都～大阪府間旅客流動数を用いていますが、これは新幹線東京駅～新大阪駅間直行利用者数ではありません。新幹線のCO₂排出量を推定するなら後者を使う方が、不確かさが大きいとしても、まだしも実態に則していると思います。

になる、と言っているのと同じです。しかし伊丹・関空からの東京便廃止とは、いくら計算上の仮定のケースとはいえ、随分乱暴な想

定です。第1に、この想定は東京〜大阪間輸送網から空路輸送手段を削除してぜい弱化させることを意味しています。国もJR東海もリニア中央新幹線の目的は東海道新幹線との二重系化による信頼性向上とリスク回避を目的に挙げています。自ら謳っている輸送網信頼性向上という目的に全く反します。第2に、リニア中央新幹線は航空の代替手段として導入するのではありません。航空需要がリニア中央新幹線に移るというのは国やJR東海の予測、それも極めて不確かな予測にすぎません。そんな予測値を利用して、あたかも航空に代替してリニアがCO_2削減に寄与するかのような計算をするというのは、身勝手な皮算用ではないかと思います。

リニア中央新幹線導入で大きく増える電力使用

　JR東海も温暖化対策、CO_2排出削減に取り組む課題を負っています。この課題と関わってリニア中央新幹線計画を検討するのであれば、リニア中央新幹線導入によってJR東海自身のエネルギー使用量（電力使用量）、CO_2排出量がどうなるのか吟味するべきです。しかしJR東海（2014c）には、想定されているリニア新幹線の供用によって使用される電力の推定値は示されていません。以下、筆者なりに推定してみましょう。

リニア中央新幹線の輸送エネルギー性能の推定

　［囲み7］に示した②の東海道新幹線「のぞみ」及びリニア中央新幹線のデータを利用すると、両新幹線の輸送エネルギー性能が求まります。「のぞみ」のCO_2排出量から電力のCO_2排出係数0.409kg-CO_2/kWhを用いて逆算すると「のぞみ」の輸送エネルギー性能を求めることができます。その値を表13の上部に示します。2章では、阿部（2013）に基づいてリニア中央新幹線の輸送エネルギー性能は東

表13　リニア中央新幹線全線開業時の東京～大阪間直行旅客輸送のために使用される電力使用量の推定

JR東海(2014c)のCO_2排出量などから逆算して求めた性能値の比較

	東京～大阪輸送1人当り電気エネギー使用量 (kWh/人)	輸送エネルギー性能 (wh/座キロ)
東海道新幹線	17.6	21
リニア中央新幹線	84.2	118
リニア／東海道	4.8倍	5.6倍

上表のエネルギー性能から求めた東京～大阪間直行旅客輸送の電力使用量

(利用人数は表7の予測値)

		新幹線	利用人数 (万人)	輸送性能 (wh/座キロ)	電力使用量 (百万kWh)
2005年現状		東海道	2500	21	430
2045	「小委員会」の予測	東海道	700	21	3900
		リニア中央	4500	118	
	JR東海の予測	リニア中央	5187	118	4400

注）輸送距離は路線実キロ（東海道515.4km、リニア438km）を、また乗車率はJR東海(2014c)にある61.2%を用いた

海道新幹線に比べて3.7倍ぐらい低下すると推定されましたが、ここで求められた値はさらに大きくて5.6倍、また東京～大阪間直行旅客の1人当り電力使用量は4.8倍にもなることがわかります。この数字を見ると、車輪・軌道方式を捨てたリニア中央新幹線がいかに電力多消費になっているか、改めて実感されます。

東京～大阪間の直行旅客輸送による両新幹線の電力使用量の推定

2045年にリニア中央新幹線及び東海道新幹線の東京～大阪間直行旅客の利用者数は、表8（50頁）のように予測されています。これら利用者を輸送するのにどれほどの電力が使用されるのか、上で求められた輸送エネルギー性能を適用し、乗車率を61.2％として計算してみると、表13の下部のようです。2045年の両新幹線が使用す

る電力は、現在の東海道新幹線の現在の使用量のざっと10倍に増えるという勘定になります。もちろん利用者数によって変化しますから、表8の利用者予測の不確かさは表13も同じです。そうだとしても大幅に増加することは間違いないと言えるでしょう。

JR東海が負う温暖化対策の課題

環境省（2014）は、先に引用したように、リニア中央新幹線による所要電力の増大、それに伴う温暖化対策の必要性を重視しています。しかしJR東海は上に見たように、リニア中央新幹線供用で電力使用がどれぐらいになるのか、その予測量も示さず、表12のような数値によって、リニア中央新幹線開業時でもCO_2排出量は現状と大差ないと述べ、環境省の指摘にまともに応えていません。

温暖化対策はJR東海も避けては通れない課題です。リニア中央新幹線導入によって電力使用が大幅に増えるとすれば、

*温室効果ガス排出の少ない電力の調達
*輸送エネルギー性能のよい輸送手段の利用
*省エネの追求

などの方策にどのように取り組むのか、東京〜大阪間の旅客輸送の多くを担おうとしている輸送事業者として重要な課題です。それら課題への取り組みに関わって、リニア中央新幹線がどのような影響を与えるのか、検討する必要があるでしょう。

筆者の見解を言わせてもらえば、温暖化・気候変動問題は人類社会全体にかかわる重大問題であり、エネルギー需給体系のクリーン化、省エネ追求はすべてに優先する重要課題になっています。超電導リニアを導入するのは500km/hというスピードを出すために他なりません。なぜ500km/hなのか。国、JR東海ともに中央新幹線整備の第一の目的に掲げているのは、何度も繰り返しますが、新幹線

を二重系化して三大都市間輸送幹線充実安定化、将来リスクの回避であり、そうであれば500km/hにしなければならない理由はありません。

500km/hにするのは航空に対抗するため、誘発需要を喚起し、三大都市圏ひいては日本の経済成長、発展を期すためと見られます。しかしこのようなネライはすべてエネルギー需要を増やすことにつながります。500km/hというスピードを目指すことは、温暖化・気候変動問題にかかる課題と真逆の方向を目指すことになります。リニア中央新幹線が内包する安全問題も500km/hを出すことに起因しています。

500km/hの追求が内包する環境問題、安全問題を考えると、リニア中央新幹線の導入は、もっと深く多面的に検討される必要があるでしょう。

4　リニア中央新幹線は地震に耐えられるのか

地震に見舞われる新幹線

日本は地震列島であり、最近は火山噴火、豪雨による洪水や地滑り、土砂崩れなども増えてきて、地震列島よりは災害列島と呼んでも言い過ぎでないような状況になっていますが、安全対策の中でも地震対策はとりわけ重要と思います。図10は最近100年ほどの間に日本で発生した震度6弱以上の地震件数の推移です。東海道新幹線全線開通したのは1964年ですが、それから30年ほどは大きな地震は発生せず、地震に見舞われることはありませんでした。しかし1995年に阪神淡路大震災が発生し、その頃から地震の数が増え始め、それに伴って、表14にみるように、新幹線も地震に見舞われるようになってきました。兵庫県南部地震、新潟中越地震は直下型の断層地震で、新幹線は、路線直撃ではありませんでしたが、至近の断層

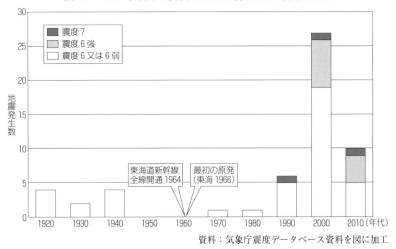

図10　1923年以降の震度6又は6弱以上の地震発生数

資料：気象庁震度データベース資料を図に加工

が震源であったため、トンネル覆工、高架橋などが大きな損傷を受けました。兵庫県南部地震は早朝でしたので列車は走っていませんでした。新潟中越地震では早期地震警報システムが作動したのですが間に合わず、走行中列車が脱線しました。転覆は免れ、旅客の死亡・負傷の被害は出ませんでした。損傷が生じたトンネル内であったら大きな被害になったかもしれませんが、脱線した列車がトンネル通過直後に地震は発生したのです。不幸中の幸いでした。この2つの直下型地震を受けて、トンネル覆工、高架橋など土木構造物の耐震基準が強化されました。東北太平洋沖地震では、東北新幹線は27本の列車が運行していましたが、海溝型の地震であったため早期地震警報システムが効いて、脱線は生じませんでした。電化柱、変電所などは多数損傷を受けましたが、強化された耐震設計による土木構造物には大きな損傷が起きず、耐震設計強化の効果が確認されたといわれています（国交省鉄道局 2011）。

　兵庫県南部地震の頃から地震活動期に入ったといわれていますが、

表14 阪神・淡路大震災以降新幹線が受けた主な震災

地震概要	新幹線の被災
兵庫県南部地震 1995/1/17/05:46 M7.3、震度7、直下型	山陽新幹線 始発前の地震で営業運転列車なかった。山陽新幹線、高架橋の倒壊や落橋、損傷、トンネル覆行の破壊など多数の被害
新潟県中越地震 2004/10/23/17:56 M6.8、震度7、直下型	上越新幹線営業列車脱線 交差断層が活動し、4つのトンネルで覆工破壊など大きな被害を受けた。電化柱などの損傷多数
東北地方太平洋沖地震 2011/3/11/14:46 M9.0、震度7、海溝型	東北新幹線 営業列車脱線無かったが移動中の1列車脱線。高架橋の落橋なかったが損傷やずれ生じた。電化柱折損多数。変電設備損傷多数

資料：国交省鉄道局（2011）を参考に筆者が作成した

図10、表14のような経過をみますと、新幹線は地震に見舞われると想定した対策が必要だということがわかります。リニア中央新幹線は多数の活断層と交差していますので、直下型の断層地震への対応も必要です。

リニア中央新幹線の地震対策

「小委員会」答申（2011）の参考資料やJR東海（2012）に説明されている、リニア中央新幹線の対地震特性や講じている対策を挙げると以下のようです。

① 車両は強固なガイドウェイに囲まれており脱線は生じない
② 強い磁力で列車をガイドウェイ中心に保持している
③ 停電しても磁気浮上は維持される
④ 停電してもバックアップブレーキで停車する
⑤ ストッパ輪で車体とガイドウェイの直接接触を回避する
⑥ ガイドウェイと車体の隙間は10cmあり、地震の揺れ、ガイドウェイのずれや段差に対処する

⑦　地震の揺れは地下深くなるほど小さくなる
⑧　地震への対応は、新幹線及びこれまでの山梨実験線での経験に基づき、対策が確立している
⑨　土木構造物は最新の耐震基準に準拠して設計する
⑩　トンネル覆工背面に空隙ができない工法を採用する、地山の弱い所はロックボルトなどで補強する（覆工：掘りぬいたトンネル表面を覆うコンクリート構造物）
⑪　早期地震警報システムにより早期に列車を減速・停止させる
⑫　避難必要時は避難通路、斜坑、立坑（換気のための立坑を5～10km置きに設置）など利用して脱出可能

　これらにより地震への対応は問題ないと説明され、「小委員会」答申では「レール上を車輪で走行する在来型新幹線方式と比較して、超電導リニア方式は、地震時などにおいて電力の供給が停止された後でも電磁誘導作用により軌道中心に車両が保持されること、ガイドウェイ側壁により物理的に脱線を阻止できる構造を有することから、安全確保上大きな利点がある。なお鉄道施設の耐震性は、在来型新幹線方式と同様である」と述べ、リニア中央新幹線の方が在来型よりも安全であると評価しています。
　しかし①～⑥はすべてガイドウェイがその機能を正常に発揮しているという前提で成り立つ対策です。すでに述べたように、車両自体は磁力支持という新方式ですが、ガイドウェイなど路線構造物は地盤反力で支えているのであって、リニア中央新幹線も在来型鉄道と同じです。地盤が変形損傷すれば、これら対策は役に立ちません。加えてリニアは次のような特徴を持っています。

・すき間10cmのガイドウェイに囲まれた狭い半空間を500km/hで疾走する（図4）
・電磁力は地上コイルと車上コイル間の距離で敏感に変動し、走

行状態に大きく影響する
・ガイドウェイはその据え付け位置や姿勢、継ぎ目のずれなどはmmオーダの精度が要求される
・高速走行のため急には止まれない、各種ブレーキを動員して0.2Gというような急激な減速ができたとしても、停止までに70秒、5kmはかかる、
・地上コイルはガイドウェイ側壁に組み込まれており、側壁損傷すればコイルも損傷する
・車上の超電導コイルは車体の最も出ぱった位置にあり、地震動、落下物など外乱の影響を受けやすい

これらを考慮すれば、リニア中央新幹線の方が在来型よりも、地震に対してぜい弱なのではないでしょうか。直下型の地震の直撃を受ければ、ガイドウェイに10cmを超すような段差が生じる可能性は否定できません。そのような場合、ストッパ輪で回避できず車体がガイドウェイなどに激突する恐れが生じます。

　⑦について、トンネル深部は確かにそうかもしれないが、坑口近辺では地山の堆積層や地滑りなどの損傷が生じる可能性があり、それによる被害の恐れがあります。

　地震への対応は確立しているという⑧、⑨ですが、被災の経験から耐震設計を強化したことで自信を持っているのかもしれません。しかし新幹線はまだ直下型地震の直撃を受けた経験はありません。「確立している」と断じるのは危険です。ガイドウェイの耐震性が重要と考えられますが、「技術評価委」などで具体的に議論された形跡は見当たりません。

　リニア中央新幹線は数多くの活断層と交差しています。重視すべきは、直下型地震への対策でしょう。JR東海は交差断層付近のトンネルについて、対策⑩を施すとしていますが、たとえば仁杉（2006）

では「活断層と交差するトンネルの完全な補強策はないと思うが、いかがであろうか」、また土木研究所（2009）では、「トンネル覆工の対策として、鋼繊維や単鉄筋による補強、当て板工等による覆工保持、ロックボルト打設による覆工保持など考えられるが、これら対策の地震時における効果やそのメカニズムは必ずしも明らかにされていないため、今後検討する必要がある」と指摘しています。

5　スピードの価値再考―高速化の社会学―
改めてスピードの価値について考える

　JR東海や国は500km/hという高速性にこそ意味があるとし、そのことを移動コスト重視の需要予測や費用便益分析によって説明しています。500km/hのリニア中央新幹線を開発すれば、その移動時間短縮効果などによって三大都市圏の、ひいては日本全体の成長発展に寄与するとしています。

　ここまでそのスピードに焦点を当てて技術的側面、経済的側面からリニア中央新幹線について述べてきました。500km/hを出すために超電導リニアを導入し、路線は地下構造の多い直線的ルートを採用してリニア中央新幹線が設計されました。しかし在来型と比べて輸送エネルギー性能は大きく低下し、輸送コストは大幅に増加することとなり、省エネ性が格段に優れているという在来型鉄道の大きな特徴が失われることなっています。環境問題に関しては、すでに山梨実験線の段階から実際に生じている被害も含めてさまざまな環境問題が指摘されています。安全問題に関しては、重大事故のリスクが内包されており、環境保全性・安全性が格段に優れているという在来型鉄道の持つもう1つの大きな特徴もまた、500km/hというスピードのために失われかねません。

　そうまでしてなぜ高速化が追求されるのでしょうか。移動におけるスピードの価値とは何なのか、再考してみます。

1　根強いスピード志向

ヒト・人としての活動がスピードを志向する

　500km/hで走るというそのスピードを聞いて、すごい、素晴らしい、と感嘆し、リニア中央新幹線が完成したらぜひ乗ってみたいと思う人も少なくありません。というよりも、たいていの人は、聞いた一瞬は、そう感じるのではないでしょうか。リニア中央新幹線のことでなくても、機会損失モデルなどと七面倒くさい理屈などこねなくても、人にはスピードを好ましく感じる性向があるように思います。筆者は運動神経に自信がなく、若いときは人並みに免許を取得して車を運転したこともありますが、とても自分には向かないと実感し、1年もしないうちに止めてしまいました。そんなびくびく者のドライバーでも、名神高速道路（当時は開通してまだ間もない頃でガラ空き状態）を走るとアクセルを踏み込みたくなり、スピードを上げると快感を覚えたことを思い出します。

　人はなぜスピードを志向するのでしょうか。

> **ノート**
> ここではヒトと書くときは生物（動物）としての人、人と書くときは人間としての人、という意味で使い分けています。

ヒトが動物であることによるスピード志向

　生物は一定の能率で食べ物（エネルギー、空気、水など）を摂取して生きる存在です。一定の能率で、というのは、食い溜めはできないという意味です。現代人の私たちは1日3回、少ない人でも日に1回は食事をします。2日も食べなかったら、ほとんどの人はまともな活動ができなくなるでしょう。一定の能率で、というのは想像以上に厳しい条件なのです。生物の中でも動物は能動的に活動し、自

ら行動を起こして食べ物を獲得します。ですから動物にとってモビリテイ（移動能力）は、死活にかかわる根源的能力の1つであり、動物は動けなくなったら終わりです。そのモビリテイの重要な尺度がスピードです。ヒトも動物であり、モビリテイの重要性は他の動物と変わりません。動物はヒトが出現するはるか以前からモビリテイを駆使して生きてきたわけで、ヒトにもスピードに憧れる感情が脳の奥深くに組み込まれているのではないかと思います。交通機関はモビリテイを高めるために人が開発利用してきた技術であり、だからそのスピード性能が重視されるのでしょう（西川 2002）。

> ノート
> モビリテイを広義に解釈して運動能力と見ますと、スポーツの多くはヒトが持つモビリテイを磨いて充実感を味わう"遊び"だ、と筆者は思っています。オリンピックはモビリテイを練習と学習によって極限近くまで高め、その成果を競い合う世界舞台ですが、多数ある種目のほとんどで、目的の身体動作をいかに速く実行できるか、勝敗を決めるカギは、そのスピードにあるのではないでしょうか。

人としての特徴に起因するスピード志向

ヒトは数百万年前のある時、人工の道具を発明して、食べ物を採取したり捌いたりする能力を上げることに成功しました。この時からヒトは人となり、他の諸生物とは異なる人の歴史が始まったのでした。人（人間）としての決定的な特徴は、ほとんどすべての活動において技術を開発し利用するということです。人の活動は目的的であって、達成したい目的が頭の中にイメージされ、その目的を達成するために活動が起こされます。すなわち人の活動は、自身の頭の中に見えている目的に向かう工程であり、その工程はできるだけ容易に、確実に、安全に、そして短時間で、まとめて言えば、できるだけ効果的に済ませたい、と人は考えます。技術とは、工程をで

きるだけ効果的にするための、つまり目的をより効果的に達成するための補助手段なのです。"便利で速く"を可能にするために人は技術を開発し利用するわけで、これが、スピードが志向される理由の1つであると言えます。

　人が持つもう1つの大きな特徴は、人は、人の寿命が有限である、ということを知っていることです。二足歩行によって次第に発達し、思考能力を持つようになったヒトの大脳は、技術の開発利用、言語の開発利用によってますます発達し、人は、希望や夢などさまざまな意識活動を、空間的にも時間的にも無限の彼方まで広げることができます。しかし一方で人は、寿命は有限であり、自身の世界は有限であることもわかっています。人が時間を大切に思う、便利な技術を使ってできるだけ時間を有効に使いたいと思う理由の1つはここにもあるのではないかと思います。

機会損失モデルはなぜ強力なのか

　機会損失モデルは、移動における人々のスピード志向を分かりやすく説明し、かつスピードの価値を定量的に表す理論です。そのためこのモデルは、交通輸送のさまざまな分野で万能のように利用されています。なぜ機会損失モデルはそんなに強力なのでしょうか。

　じつは機会損失モデルは交通輸送だけでなく、広くメーカ（生産者、モノやサービスを提供する側）とユーザ（消費者、モノやサービスを受容する側）とのコスト関係を説明する基本的な意味を持っています。お気に入りの音楽を聴きたくて代価を払ってCDを買い求めるとしましょう。しかし買っただけでは音楽は聴けません。CDをプレーヤにかけ、時間を使わないと聴けません。大学で勉強したいとして授業料を払って入学しても、授業料を払うだけでは勉強はできません。4年間という（20歳前後の4年間は貴重で長いですが）時間

を使って通学し、講義を聴くなどしないと勉強になりません。ユーザは入手したモノやサービスを利用するには、代価に加えて時間が必要なのです。

メーカはモノやサービスを生産するために設備や原料や人手などの生産コストがかかりますが、その生産コストに適切な利潤を加えたものが代価ですから、メーカにとっては生産したモノやサービスをユーザに提供して代価を受け取れば、ユーザの目的は達成されます。一方、ユーザは、ユーザの目的があって、その目的達成のためにモノやサービスを代価を払って入手するのですが、代価を払うだけでは目的は遂げられず、時間を使ってそれを利用して初めて目的が達成されます。先に（3章46頁）機会損失モデルの関係式を示しましたが、その式(2)、式(4)の各項目を、ユーザとメーカとの関係に合わせて書き替えると次のようになるでしょう。

費用尺度で表すと、

$$[ユーザのコスト] = [代価] + ([使用時間] \times [時間価値]) \quad (5)$$

時間尺度で表すと

$$[総使用時間] = ([代価] \div [時間価値]) + [使用時間] \quad (6)$$

社会の生産経済がうまく発展して、人々の生活水準が上がれば、つまり時間価値が上昇すれば、もっと安くて便利なモノやサービスがないのかという要求が出てきて、新たなモノやサービスの開発が進められる、世の中はそのようならせん状の過程を描いて動いてきているように見えます。

このように、機会損失モデルは広くユーザとメーカの基本的な関係を表しているモデルなので、簡明で、定量的に金額表示も可能ということもあって、交通輸送分野では万能のように利用されてきたのではないかと思います。

思うに機会損失モデルは自由主義経済の社会、利潤追求を動機と

する競争生産の社会にはまことに都合のよい、ピッタリはまる考え方です。

2　スピードの価値再考

　人という存在が持つ特徴に根差したスピード志向があること、そして生産経済活動、とりわけ交通輸送活動ではスピード志向を理論的に根拠づける機会損失モデルが適用されてきたこと、これらによって、人の社会には根強いスピード志向が続いています。リニア中央新幹線は、このスピード志向に乗って、高速化による経済効果や地域振興が期待できるとして、押し進められている開発計画ではないでしょうか。

　しかし繰り返し述べてきましたが、スピードの価値を機会損失モデルで表して交通輸送を評価している限り、スピードアップは際限なく追求され、システムは巨大化し、エネルギー使用は増えて行きます。温暖化・気候変動など深刻な環境破壊が進み、また巨大事故のおそれが大きくなってきている現在、これでは矛盾が深まるばかりです。

　先に4章の1で、鉄道システムに関わる人の立場を3つに分けて、それら3者の意思決定関係が図8（68頁）のような階層関係になっていると述べました。機会損失モデルは鉄道業者と旅客という、当事者だけの意思決定に関わるモデルであり、環境問題・安全問題など社会全体に関わる問題について考えるには、限界があると述べました。以下では、人の活動に注目し、また別の視点から、スピードの価値や機会損失モデルの限界について考えてみたいと思います。

移動のそもそもの目的は何なのか、3つのモデルで考える（西川2002）

　私たちは通学、通院、買物、旅行などさまざまな目的で移動しま

すが、最も多く最も重要な移動は、仕事のための、すなわち生産経済活動（産業活動）のための移動でしょう。仕事をするための移動を例にし、時間価値は時間当り所得（アルバイトの時間給と同じ）で表わすことにして考えてみることにします。

さて、移動するのは仕事をするため、から始まって、人の活動目的を遡って行くと、大きくは下のように3つの段階的な目的から成っていると言ってもいいでしょう。これら3つの段階で、人は時間をどのように使おうとしているのでしょうか。

①移動する目的は仕事をするため
②仕事をする目的は所得を得るため
③所得を得る目的は生活をするため

①は、仕事をするために移動する、仕事が目的で移動はそのための手段となっている段階です。ですから移動コストはできるだけ小さいのが望ましい。利用できる交通機関が複数あれば、移動コストの小さい交通機関を選択するし、また仕事の水準が上がって時間当り所得が上昇してくると、従来利用してきた交通機関のままでは移動コストが増えてきますから、もっと移動コストの小さい、つまりは、より高速の交通機関が望ましいと考えるようになるでしょう。①は交通輸送活動を移動コストで評価する段階であり、これは今まで述べてきた機会損失モデルが適用される段階に他なりません。

②は、仕事をするのは所得を得ることが目的で、仕事をするのはそのための手段となっている段階で、①より1つ上の段階になっています。この段階では所得を増やすことが目標になりますから、使える時間はできるだけ仕事の時間へ回す方向が目指されるでしょう。仕事をするということは何かモノやサービスを生産することですから、この②は、仕事をして所得を得る、つまり産業活動に相当する段階といえます。

> 囲み8
>
> 《移動に関する3つのモデル》
> ① 仕事をするために移動する
>   …交通輸送活動→<u>機会損失モデル</u>
> ＊仕事のためだから移動コストは少なくしたい
> ＊目指す方向→移動コストを減らす
> ② 所得を得るために仕事をする
>   …産業活動　　→<u>経済成長モデル</u>
> ＊活動可能時間をできるだけ仕事のために使い、所得を増やしたい
> ＊目指す方向→所得・仕事時間を増やす
> ③ 暮らしのために所得を得る
>   …人間生活　→<u>生活充足モデル</u>
> ＊充実した人間らしい暮らしがしたい
> ＊目指す方向→自由時間を増やす
>
> 《3つのモデルを関係式で表す》
> ① 機会損失モデル
> ＊費用尺度で表した関係式
>   [移動コスト]＝[運賃]＋[移動時間]×[時間価値]　　　　　(2)
> ＊時間尺度で表した関係式
>   [総移動時間]＝([運賃]÷[時間価値])＋[移動時間]　　　　(4)
> 《目標》　移動コスト低減あるいは総移動時間の短縮
> ② 経済成長モデル
>   [所得]＝([活動可能時間]−[総移動時間])×[時間価値]　　(7)
> 《目標》　所得あるいは仕事時間を増やす…働くために生きる
> ③ 生活充足モデル
>   [自由時間]＝[活動可能時間]−{([必要所得]÷[時間価値])＋[総移動時間]}　(8)
> 《目標》　自由時間を増やす…生きるために働く
> (注)　活動可能時間とは1日24時間から睡眠や食事など健全な心身状態を維持するために必要な時間を差し引いた時間

　③は、何のために所得を得ようとするのか、それは生計を立て人間らしい生活をするため、人間らしい生活が目的で、所得を得るのはそのための手段となっている、②よりさらに上の段階です。人間らしい生活とはどのような生活なのか、なかなか難しいですが、ここでは自由時間の持てる生活と考えることにします。そうするとこ

の③は、馬車馬のように働く、すなわち働くために生きるのではなく、仕事は生計を立てるための必要所得を得る、すなわち生計を立てるために働くだけにとどめ、自由な時間をできるだけ増やして生活の充実を目指す、人間生活を考える段階とみることができるでしょう。

以上①、②、③の段階を整理すると［囲み8］のようになります。囲みでは、それぞれの段階の目的や目指す方向などの特徴に照らして、機会損失モデル、経済成長モデル、生活充足モデルと名付けてあります（筆者がつけたもので一般には通用していません）。

社会の階層システムと機会損失モデルの限界

人々の活動全体を社会システムと見ますと図11のような階層構造になっています。人やその社会が活動していくのに必要なモノやサービスは農林漁業、工業、商業、通信情報、教育・医療など様々な分野の産業活動によって生産され、ヒトや社会はそれらを利用して活動します。産業は社会の一部分、人々が人間らしく生きていくための手段です。交通輸送は産業活動の一部分として、移動サービスを生産する活動です。そして人の社会は地球環境（地球の生物系・自然系）の一部分であり、人の社会が存続していく上で不可欠ですから一番上の階層に位置しています。

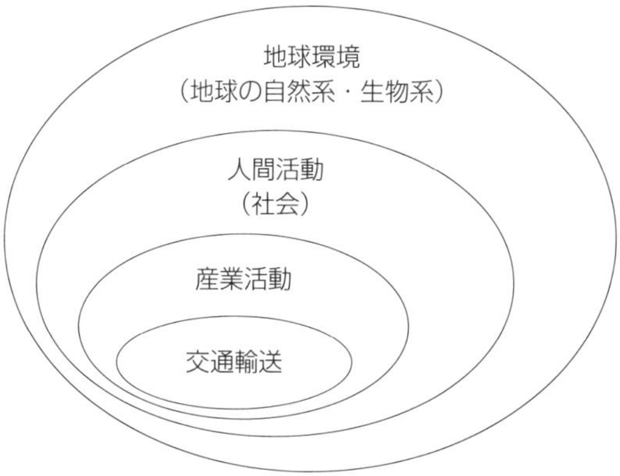

図11をみると上

図11　人の活動世界の階層構造

地球環境
（地球の自然系・生物系）

人間活動
（社会）

産業活動

交通輸送

述の3つのモデル、生活充足モデル、経済成長モデル、機会損失モデルは、それぞれ人間活動、産業活動、交通輸送の階層に対応したモデルであり、その順に階層が下位になっていることがわかります。階層システムにおいて重要なことは、下位システムは上位システムが正常に存続していて初めて存在でき、上位システムの評価基準が下位システムのそれよりも優先するという、順位条件が存在することです。そして図11で地球環境は最上位にありますから、これらすべての評価基準に優先して、環境保全という原則が守られなければなりません。もう1つ重要なのは安全問題で、人の活動すべてに対して、4章で述べた技術の開発利用に関する安全原則（73頁）が適用されなければなりません。

　これら順位条件、環境保全の原則、技術の開発利用に関する安全原則を、制約条件としてまとめると以下のようになります。

《交通輸送システムの開発利用にかかる制約条件》
　◇［自由時間を増やす］＞［所得・仕事時間を増やす］＞［総移動時間短縮・移動コスト低減］
　◇環境保全の原則
　◇技術の開発利用に関する安全原則
〈原則1〉　性能・製造限界を利用規制でカバーする
〈原則2〉　対応不能の重大事態が生じ得るような技術の開発利用は避ける

　機会損失モデルは交通輸送という部分活動に対するモデルであり、図11では最下層に位置しています。ですから機会損失モデルはどんな場合でも通用するのではなくて、上述の制約条件の下でのみ適用可能であることがわかります。したがって交通輸送施設の開発をしようとする場合、その意思決定の過程にはこの制約条件が守られているかどうか、それを検討する過程が組み込まれている必要があり

ます。

スピードの価値再考

人の活動に注目し、私たち人間にとってスピードはどんな意味を持つのか、いわば社会学的側面から、スピードについて考えてきました。人はモビリテイを維持向上させる上でも、また技術の開発利用において時間をできるだけ有効に使う上でも、スピードは基本的能力であり、人間活動のどの場面でもスピードアップが志向されています。しかしスピードアップはあくまでも手段であってそれ自体が目的ではありません。技術的に可能であっても、スピードアップするとエネルギー使用は増加し、輸送コストは増え、システムは巨大化し、安全に係るリスクは大きくなります。

スピードが志向され、そのための交通輸送システムの開発利用が追求されるとしても、それは上述の制約条件の下でのみ可能なのであり、このことが不断に意識されていなければなりません。そしてこの制約条件が確保されているかどうか、それを検討し、審査する仕組みが必要です。

これら制約条件は当たり前のことを並べているだけで、なにを仰々しく述べているのかと感じられるかもしれません。しかし現実はそうではないのです。たとえば最近のできごとをみても、ドイツ自動車メーカ、フォルクスワーゲン会社の排ガス不正操作事件、旭化成建材会社基礎杭データ改ざん事件、東洋ゴム工業会社の免振ゴム・防振ゴムデータ改ざん事件、これらはみな図11の最下層に位置する企業が、企業経営を優先させ、環境や安全に関する原則を破って起こした事件です。福島第一原発事故も同様です。事故の直接原因は15mの津波でしたが、東京電力は事前にこのような津波の来襲があり得ることを知っていたのに、経営を優先させて津波対策を見

送っていたのでした。つい最近を見てもこの有り様であり、こんな事例は枚挙に暇がありません。

　自主規制や内部監査などが設けられているとしても、それら当事者だけの対応だけでは、この制約条件は守り切れないのです。当事者から独立した第三者によって、上位階層システムである社会全体の立場に立って審査する仕組みが必要であることを、上の現実が明らかにしています。

第三者機関による検討が必要なリニア中央新幹線

　本書で見てきたように、リニア中央新幹線の計画過程は、技術的検討（安全問題に係る検討）、整備計画としての決定、環境影響評価など、そのほとんどがリニア中央新幹線を推進する立場にあるJR東海および国交省によって進められてきました。その計画内容を見れば、建設費負担、運賃設定、工事日程などの重要要件についても、また東海道新幹線とリニア中央新幹線の一元経営という営業形態についても、ほぼJR東海が早くに公表していた方針通りの答申が出されたわけで、JR東海の経営事業としての方向が色濃く反映しています。そして輸送需要の予測や費用便益分析の便益計算は移動コスト重視で、つまりは機会損失モデルの考え方で行われ、500km/hの必要性、環境問題、安全問題など社会全体に関わる問題については、それらを主題として審議するプロセスは、結果として、計画過程の中に設けられなかったと言えましょう。

> **ノート**
> 階層システム論から見たリニア中央新幹線の計画決定過程の問題点
> 　図8および図11の階層システムに照らしてみれば、移動コスト重視で評価したということは、図11でみれば最下層の部分システムである交通輸送システムの評価基準を重視して意思決定されたということを意味します。またリニア中央新幹線計画の内容にJR東海の経営事業としての方向が色濃く反映している

> ということは、先の図8の階層システムにおいて最下層の部分システムである鉄道企業システムの評価基準重視で計画内容が決められたということを意味します。そして社会全体にかかる問題について、それを主題とする審議過程が設けられなかったということは、上位階層である全体システムに関しての検討が行われなかったということを意味します。
>
> したがって階層システムにおける評価基準の順位原則「上位システムの評価基準は下位システムの評価基準より優先する」という原則が、リニア中央新幹線計画の意思決定過程では守られていない可能性があるのです。階層システム論が教えてくれる重要な点は、既述したように、部分システムの評価基準で最適であっても、上位階層の全体システムにとって最適であるとは限らないということ、とくに環境問題や安全問題に関しては、部分システムの判断に任せていては、対策がおろそかになってゆく恐れがあるということです。

しかしいま、温暖化・気候変動など地球の自然系・生物系にかかる環境問題が重大化していること、沿線各地で地域の人々や団体、自治体などからさまざまな環境問題や被害が訴えられている実態があること、500km/hのリニア中央新幹線が内包する安全問題、日本は地震列島であり、地震の活動期に入っていることなどを考えると、リニア中央新幹線の計画については、改めて、

◇社会全体の立場に立ってリニア中央新幹線を評価できる第三者機関による審査

◇環境問題・安全問題を主務とする第三者機関による審査

が是非とも必要といわねばなりません。

おわりに

　時速500kmというスピードに焦点を当てて、技術的側面、経済的側面、社会的側面から、リニア中央新幹線の技術とその建設計画について考えるとともに、すでにさまざま議論になっている環境問題・安全問題について概観し、それら環境問題・安全問題が高速化とどうかかわるのかについても考えました。本文で指摘した主な点を概括して、しめくくりとします。

リニア中央新幹線の技術的特徴
　リニア中央新幹線は、営業速度500km/hを出すために、在来型鉄道の支持・推進技術である車輪・軌道方式を捨て、超電導磁気浮上・地上1次側リニア同期モータ推進方式を導入した。高速走行のために路線は地下構造の多い直線的ルートとし、車両軽量化のため軽量合金材主体の構造となっている。

＊車輪・軌道方式の東海道新幹線（N700系のぞみ）と比べて、リニア中央新幹線の輸送エネルギー性能は大きく低下し、阿部（2013）によれば3.7倍ほど、JR東海（2014c）の資料から推測すれば5.6倍ほどになる。カルマン・ガブリエリ線図で他の交通機関と比較しても、リニア中央新幹線の動力性能は従来の車輪・軌道方式よりも大きく低下している。

＊リニア中央新幹線は多大の電気エネルギーを使用し、輸送コストも大きく増加する（在来型新幹線の3倍ほど）と推測され、従来の鉄道が誇ってきた、"高い輸送エネルギー性能"という特徴を失っている。

＊新技術、超電導磁石は、支持と推進、2つの機能を兼ねる心臓部であり、高い信頼性が要求される。非常に繊細ち密な構造をしており、走行中は電磁的、力学的、熱的に厳しいストレスを受ける雰囲気に置かれる。ガイドウェイ側壁の地上コイルに面して、車両の最外面となる位置に取り付けられている。地上コイルも電磁的、力学的に変動ストレスを受け、加えて推進コイルは高電圧、大電流が付加されるから高い絶縁性が要求される。全線にわたって設置されるのでその数は膨大であり、不断の厳格な品質管理、保守管理が要請される。

＊車両の直接の支持は磁力支持であるが、ガイドウェイを含む軌道全体は地盤の反力で支えられており、結局はリニア中央新幹線も在来鉄道と同様、車両の支持は地盤の安定性と強度に依存している。

＊側面底面を隙間10cmのガイドウェイに囲まれた半閉空間を500km/hで疾走する。

＊ガイドウェイの製作、設置はmm単位の精度が要求され、不断に維持管理が必要である。

＊運転制御は地上側遠隔指令で行われ、運転士は乗車しない。

◇路線

＊地下構造の多い直線的ルートであり、多数の断層や破砕帯が集中している赤石山脈を貫く南アルプストンネルなど、巨大な山岳・地下の難工事に取り組まねばならない。

＊都市域では「大深度法」を適用し、民有地の地下を利用する。

◇安全問題

・超電導リニアは新技術であり未経験の事故のおそれがある。またリニア中央新幹線も人・技術システムであるが故の事故も生じ得る。500km/hという高速であり、路線は地下構造部分が多く、リ

ニア中央新幹線の技術的特徴からみて、事故が起きれば大惨事となるおそれがある。
・日本は地震列島であり、加えて地震活動期に入ってきたとされており、地震に見舞われると想定しておかねばならない。リニア中央新幹線は多数の活断層と交差しているので直下型の断層地震への対応が必要である。リニア中央新幹線も、在来型鉄道と同様、軌道の安定は地盤の安定性と強度に依存している。500km/h という高速であり、路線は地下構造部分が多く、リニア中央新幹線の技術的特徴からみて、在来型新幹線よりも地震に対してぜい弱と見るべきではないか。
・このような危険性を考慮すると、リニア中央新幹線は車輪・軌道方式を捨てたことによって、在来型鉄道が誇ってきた"高い安全性"という特徴もまた失うことになるのではと危惧される。

◇環境問題

山梨実験線建設当時から20年、この間すでに、被害が実際に生じている問題も含め、さまざまな環境問題が多方面から指摘されている。具体的問題は下のように広範囲にわたる。
・巨大な土木工事に伴う自然的・生物的環境の破壊、内水系・地下水系の破壊、都市域の民有地大深度利用問題、工事そのものによる環境公害問題、膨大な建設発生土問題など。
・巨大な輸送システムが建設運用されることによる沿線地域社会、住民生活への影響。
・超電導リニアという新技術を使った高速鉄道の運行による、大量の電気エネルギー使用、騒音、電磁波などの環境公害問題。

これら問題の調査分析や対策は、リニア中央新幹線の技術評価過程、その建設計画の意思決定過程、および環境影響評価などで審議されてきているが、いずれも JR 東海、国交省など、リニア中央新

幹線の推進を目指している開発側主導の、一方通行的な審議であったと見られる。環境問題や安全問題は、環境保全、安全性向上を主務とし、かつ社会全体の立場に立てる独立した第三者機関によらなければ、まともな審査は期待できない。リニア中央新幹線はその審査を経ていないことが問題で、改めて審査する必要がある。

リニア中央新幹線計画について
◇移動コスト重視で計画の妥当性を評価した問題

　国交省はリニア中央新幹線を整備すれば、高速化による移動時間短縮効果で、東京〜大阪間など三大都市間を直行する旅客の大きな輸送需要、大きな便益が期待され、東海道新幹線とリニア中央新幹線を一元運営すればJR東海の経営事業として実現可能と評価し、リニア中央新幹線計画を整備新幹線とし、その建設主体、営業主体をJR東海と決定した。このような評価がなされたことについては、評価の条件や方法が大きく関係している。1つは、リニア中央新幹線の東京〜大阪間の運賃を東海道新幹線「のぞみ」運賃プラス1000円（東京〜名古屋は700円、名古屋〜大阪は400円）としたこと、2つは、交通機関の性能を移動コスト重視で評価したことである。

＊輸送コストは3倍ほどにも増えると推定されるのに運賃がなぜわずか1000円アップで経営が成り立つといえるのか。これには現行「のぞみ」が極めて収益性の高い運賃になっていることが関係していると思われる。両者の輸送コストに基づいて運賃設定の妥当性を検討する必要がある。

＊移動コスト重視の評価は、鉄道業者（運ぶ側）と旅客（運ばれる側）、両当事者だけが関わる移動経済性の評価であって、環境問題や安全問題など社会全体に関わる問題は評価の主題に入ってこない。またこの評価法では、移動コストが低ければ低いほど望まし

いということになり、500km/hがなぜ必要なのか、といった問題
も議論されない。
* 移動コスト重視の評価法、本書ではこれを機会損失モデルと呼んでいるが、このモデルだけでは限界があり、リニア中央新幹線のような巨大プロジェクトは、当事者から独立した第三者の立場から環境問題、安全問題など社会全体に及ぼす問題を審議する過程が必要である。

◇計画の二重性格の問題

このような意思決定の進め方が原因して、リニア中央新幹線は国家プロジェクトでありながら、JR東海の経営事業でもあるという二重性格を有することになっている。

* このような二重性格であると責任の所在があいまいになり、計画の不具合や事故が生じた場合、的確な対応が取り組まれないおそれがある。
* また計画の目的も二重、すなわち三大都市間幹線輸送網の二重系化による信頼性向上と将来リスク回避のためという社会的な目的と、JR東海という民間企業の経営のためという私的目的とが重なって追求されることになっている。これでは、コスト削減や採算性など企業経営目的が優先され、環境・安全問題への取り組みがおろそかになるおそれがある。

スピードの価値を再考する
◇スピードは手段であって目的ではない

人々や社会のスピード志向は根強く、不断にスピードアップが目指されている。リニア中央新幹線は、このスピード志向に乗っかり、500km/hというスピードを"売り"にして押し進められている開発計画とみられる。

しかしスピードアップはそれ自体が目的なのではない。人間らしい生活を維持充実させていく上で時間が大切であり、スピードアップはそのために移動コストを下げようとする手段に過ぎない。高速化はエネルギー使用の増大、輸送コストの増大、システムの巨大化を招き、自然的及び社会的環境の破壊や事故災害のおそれを大きくする。

◇したがってスピードアップは次の制約条件の下でのみ許されると考えなければならない。

《交通輸送システムの開発利用にかかる制約条件》

◎［自由時間を増やす］＞［所得・仕事時間を増やす］＞［総移動時間短縮・移動コスト低減］

◎環境保全の原則

◎技術の開発利用に関する安全原則

　〈原則1〉　性能・製造限界を利用規制でカバーする

　〈原則2〉　対応不能の重大事態が生じ得るような技術の開発利用は避ける

　温暖化・気候変動など地球の自然系・生物系にかかる環境問題が重大化している現在、また沿線各地で多くの人々からさまざまな環境問題や被害が訴えられている実態などを考えると、リニア中央新幹線の計画については、

＊社会全体の立場に立ってリニア中央新幹線を評価できる第三者機関による審査

＊環境問題・安全問題を主務とする第三者機関による審査

が是非とも必要である。

【資料・文献】

赤木新介（1995）『新交通機関論』、コロナ社

赤木新介（2007）「鉄道の高速化を考える」、『海上交通システム研究会ニューズレター、MATRIX』、NO.58、2007年7月、49-61頁

阿部修治（2013）「エネルギー問題としてのリニア新幹線」、『科学』、Vol.83、No.11、1290-1299頁

石谷清幹（1972）、『工学概論』、コロナ社

荻野晃也（2013）、「リニア中央新幹線の電磁波問題」、リニア・市民ネット編著『危ないリニア新幹線』第3章所収、緑風出版

荻野晃也（2014）、「リニア中央新幹線の電磁波問題」、『日本の科学者』、49巻10号、43-45頁

樫田秀樹（2014）、『"悪夢の超特急" リニア中央新幹線』、旬報社

環境省（2014）、中央新幹線（東京都・名古屋市間）に係る環境影響評価書に対する環境大臣意見、2014年6月5日

Gabrielli & von Karman（1950）、Gabrielli ,G., and von Karman,T., "What price speed?", Mechanical Engineering, Vol.72, No.10, p.775

技術評価委（2009）、18回超電導磁気浮上式鉄道実用技術評価委員会、資料2「超電導磁気浮上式鉄道実用技術評価」、平成21年7月28日

国交省（2002）、新幹線鉄道の整備、整備新幹線Q&A、http://www.mlit.go.jp/tetudo/shinkansen.html、（2015年3月1日閲覧）

国交省鉄道局（2011）、「第11回新幹線脱線対策協議会」（2011年5月13日）への提出資料

坂巻幸雄（2015）、「大都市圏でのリニア中央新幹線ルート選定―大深度地下使用法に関連して―」、日本環境学会第41回研究発表会報告集、2015年6月20〜21日龍谷大学、265頁

澤田一夫（2002）、「鉄道を他輸送機関と比較する」、『第15回鉄道総研講演会「環境と鉄道」』、2002年11月14日、http://www.rtri.or.jp/events/kouen/2002/kouen.html、講演当時、著者は鉄道総合技術研究所浮上式鉄道開発本部技師長

「小委員会」（2011）、国交省交通政策審議会陸上交通分科会鉄道部会中央新幹線小委員会は第1回2010年3月3日から第20回2011年5月12日まで開催された。その20回会合の資料。以下ここでは「小委員会」資料は会合番号を付して文献表示する。「小委員会」の議事録、資料は下記で閲覧した。http://www.mlit.go.jp/policy/shingikai/s304_sinkansen01_past.html

「小委員会」答申（2011）、「中央新幹線の営業主体及び建設主体の指名並びに整備計画の決定について」、2011年5月12日

JR東海（2010）「超電導リニアによる中央新幹線の実現に向けて」、2010年5月15日、3回「小委員会」提出資料

JR 東海（2012）、中央新幹線説明会資料、「地震、火災等の異常時への対応」、2012 年 5 月

JR 東海（2013）、「当社が用意する中央新幹線の中間駅のイメージについて」、平成 25 年 5 月 13 日、及び「当社が用意する中央新幹線の中間駅（地下）のイメージについて」、平成 25 年 7 月 24 日（JR 東海ホームページ）

JR 東海（2014a）「中央新幹線品川・名古屋間工事実施計画（その 1）」

JR 東海（2014b）『中央新幹線（東京・名古屋市間）環境影響評価書資料編』、各都県編 18 章廃棄物等、2014 年 8 月

JR 東海（2014c）『中央新幹線（東京・名古屋市間）環境影響評価書資料編』、東京都編 19 章温室効果ガス、2014 年 8 月

JR 東海（2014d）、第 1 回大井川水資源検討委員会（2014 年 12 月 19 日）に提出された説明資料 http://company.jr-central.co.jp/company/others/oigawa_committee/_pdf/ooigawa01.pdf

田結庄良昭（2015）、「リニア中央新幹線の問題点—とくに地質と地下水について—」、日本環境学会第 41 回研究発表会報告集、2015 年 6 月 20〜21 日龍谷大学、263-264 頁、および発表時配布資料

鉄道・運輸機構（2010）「中央新幹線の建設に要する費用に関する検証（主としてトンネル区間）」第 11 回「小委員会」提出資料

土木研究所（2009）「山岳トンネルの耐震対策技術に関する研究」平成 21 年度戦略研究 28、https://www.pwri.go.jp/jpn/results/report/report-seika/2009/pdf/2009-28.pdf

西川榮一（2002）「交通機関のスピードの価値について考える」、日本科学者会議公害環境問題研究委員会編『環境展望』vol.2、第 2 章所収、実教出版、83-103 頁

西川榮一（2015）「リニア中央新幹線、そのスピード 500km/h と環境・安全問題を考える」、『人間と環境』、Vol.41、No.2、41-57 頁

仁杉巌（2001）、仁杉巌監修、『鉄道を巨大地震から守る、兵庫県南部地震をふりかえって』、山海堂

仁杉巌（2006）、仁杉巌監修、『巨大地震と高速鉄道、新潟中越地震をふりかえって』、山海堂

橋山禮次郎（2014）、『リニア新幹線巨大プロジェクトの「真実」』、集英社

松島信幸（2014）、「南アルプスをリニア新幹線が貫くと」、『日本の科学者』、49 巻 10 号、12-19 頁

涌井一（1990）「超電導磁気浮上式鉄道のガイドウェイ構造」、『コンクリート工学』、Vol.28、No.12、4-13 頁

あとがき

　ウェブをみると、リニア中央新幹線に関してじつに多方面からさまざまな問題点が出されています。本書で指摘した諸問題も、ウェブを丹念に検索すると、ほとんどはすでにどこかでどなたかによって指摘されており、本書はそれらを著者なりの筋書きで並べたものかという印象を持ちます。しかしそれだけ多くの疑問や懸念が出されているということは、開発側の情報開示やリスクコミュニケーションが十分ではないということの証左ともいえます。本書では社会全体の立場に立つ第三者機関による審議の必要性を強調しましたが、その審議を確かなものにするには徹底した情報開示とリスクコミュニケーションが不可欠です。本文でも述べましたが、超電導リニアは自主技術開発であり、しかもその多くは鉄道総研などいわば公的機関によるものです。それら疑問や懸念に関する情報を開示し説明するのは可能なはずですし、そうする責務があると思います。

　本書は単著になっていますが何人もの方のご支援を得ています。とくに交通機関技術全般で赤木新介大阪大学名誉教授、地質や土木工事などで坂巻幸雄氏、田結庄良昭神戸大学名誉教授、松島信幸博士、電気や電磁気関係などで橋本武神戸商船大学名誉教授、本書全般で中須賀徳行岐阜大学名誉教授、大阪から公害をなくす会の方々には貴重なご助言、著作からの引用など多大のご協力を賜りました。またウェブに公開されている統計資料や解説なども様々利用させてもらいました。深謝申し上げます。最後になりましたが、出版に関して自治体研究社の深田悦子さんには多大の労力をおかけしました。お詫びとともに感謝いたします。

2016 年 1 月　　　　　　　　　　　　　　　　　　　　著者

著者

西川榮一（にしかわ　えいいち）

1940年大阪市生まれ。大阪大学工学部卒、工学博士。
神戸商船大学名誉教授。
専門は機械工学、交通機関工学、環境工学。

主な著作

「リニア中央新幹線、そのスピード500km/hと環境・安全問題を考える」『人間と環境』107号、44-57頁、本の泉社、2015年
『大震災20年と復興災害』（共編）クリエイツかもがわ、2015年
『予防原則・リスク論に関する研究：環境・安全社会に向けて』（共著）本の泉社、2013年
『東日本大震災　復興の正義と倫理―検証と提言50―』（共編）クリエイツかもがわ、2012年
『つくろう　いのちと環境優先の社会　大阪発市民の環境安全白書』（監修）自治体研究社、2006年
「JR西日本事故から一年―スピードアップと安全を考える―」『経済』2006年8月号所収、新日本出版社
「交通機関のスピードの価値について考える」『環境展望』vol.2所収、実教出版、2002年
『サスティナブル・ディベロップメント』（共著）法律文化社、1991年
『蒸気動力』（共著）コロナ社、1989年

リニア中央新幹線に未来はあるか―鉄道の高速化を考える―

2016年2月15日　初版第1刷発行

著　者　西川榮一
発行者　福島　譲
発行所　㈱自治体研究社
　　　　〒162-8512 新宿区矢来町123 矢来ビル4F
　　　　TEL：03・3235・5941／FAX：03・3235・5933
　　　　http://www.jichiken.jp/
　　　　E-Mail：info@jichiken.jp

ISBN978-4-88037-646-2 C0033

写真：眞浦秀雄
デザイン：アルファ・デザイン
印刷：トップアート

「カジノ」は本当に地域経済再生の切り札か⁉

「カジノで地域経済再生」の幻想
―アメリカ・カジノ運営業者の経営実態を見る―

桜田照雄 著　Ａ５判　本体1100円

アベノミクスの成長戦略に位置づけられた「カジノ」。カジノ推進法案が審議されようとするなか、カジノを"地域経済再生"の切り札とする誘致活動が各地で起きているが、既にアメリカでは、運営業者の相次ぐ撤退やその影響により都市の破綻も起きている。

●目次
- 第1章　「IR型カジノ（統合型カジノ）」とは
- 第2章　推進派の論理と矛盾
- 第3章　カジノ運営業者の実態
- 第4章　なぜカジノを認めてはならないか
- 第5章　パチンコや公営ギャンブルをどう考える?

自治体研究社　〒162-8512 東京都新宿区矢来町123 矢来ビル4F
TEL 03-3235-5941　FAX 03-3235-5933
http://www.jichiken.jp/
E-mail info@jichiken.jp

地方創生政策はどのような論理と手法で自治体を再編していくか

地域と自治体 第37集

地方消滅論・地方創生政策を問う

岡田知弘・榊原秀訓・永山利和 編著　本体2700円+税

●主な内容●
- **第1部　地方消滅論の本質**
  「地方消滅」論の本質と「地方創生」・道州制論(岡田知弘)／地方分権論と自治体間連携(榊原秀訓)
- **第2部　地方消滅論の源泉**
  社会福祉法制の転換と市町村福祉の危機(伊藤周平)／人口減少社会に向けた農村・都市・国土計画(中山徹)／国土開発計画とグランドデザイン(山崎正人)／二層制地方自治―都道府県の意義と役割(村上博)／全体の奉仕者からの変質(鎌田一)／地域の再生へ、公共サービスを担う自治体職員の役割(久保貴裕)
- **第3部　自治体消滅論と税財政・地域経済**
  地方財政と「地方創生」政策(平岡和久)／日本の税財政とこの国のかたち(鶴田廣巳)／地域経済 州都中核と周辺(入谷貴夫)／持続可能な地域経済再生の展望と課題(吉田敬一)
- **第4部　道州制推進と経済成長戦略**
  改憲・道州制推進と経済成長戦略(永山利和)

自治体研究社　〒162-8512 東京都新宿区矢来町123 矢来ビル4F
TEL 03-3235-5941　FAX 03-3235-5933
http://www.jichiken.jp/
E-mail info@jichiken.jp